产业观察与研究丛书

京津冀协同创新理论与实践

王书华　陈诗波　著

科学出版社

北京

内 容 简 介

　　推动京津冀协同创新是实施创新驱动发展战略、建设创新型国家的一项重大战略部署，该战略对高效配置创新资源、优化协同创新格局、打造区域经济增长极意义重大。本书在对"创新共同体"概念、理论及国内外创新共同体建设的实践进行分析和思考基础上，以京津冀三地开展协同创新实践为研究对象，通过文献梳理、数据分析与实地调研，对京津冀协同创新的历程与现状、科技资源配置与创新能力等进行了全面分析，并对实践中面临的问题原因等进行了深入研究，提出了新时期打造京津冀协同创新共同体的思路与政策建议。

　　本书可供区域经济发展、创新政策研究和科技信息管理领域的人员阅读参考。

图书在版编目（CIP）数据

京津冀协同创新理论与实践 / 王书华，陈诗波著. —北京：科学出版社，2016.10
　（产业观察与研究丛书）
　ISBN 978-7-03-049640-9

　Ⅰ. ①京…　Ⅱ. ①王… ②陈…　Ⅲ. ①区域经济－国家创新系统－研究－华北地区　Ⅳ. ①F127.2

中国版本图书馆 CIP 数据核字（2016）第 201421 号

责任编辑：任　静 / 责任校对：张凤琴
责任印制：徐晓晨 / 封面设计：迷底书装

科　学　出　版　社 出版
北京东黄城根北街 16 号
邮政编码：100717
http://www.sciencep.com

北京教图印刷有限公司 印刷
科学出版社发行　各地新华书店经销
*

2016 年 10 月第　一　版　　开本：720×1000　1/16
2017 年 1 月第二次印刷　　印张：14
字数：176 000

定价：84.00 元
（如有印装质量问题，我社负责调换）

前　言

　　科技创新是国家和地区提升整体竞争力的关键与基础。党的十八大报告明确提出实施创新驱动发展战略,将科技创新摆在国家发展全局的核心位置。京津冀地区属于京畿重地,濒临渤海、背靠太岳、携揽"三北",战略地位十分重要,是国内城市分布最密集、创新资源最集聚、产业基础最雄厚、综合实力最强劲的区域之一,也是拉动我国经济发展的重要引擎。近些年,京津冀三省市在项目、产业、人才交流等领域开展了很多卓有成效的合作,但目前都仍面临着一些共同的区域性挑战,如在科技成果转化与产业转型升级、雾霾防治与水环境治理、促进科技资源流动共享等方面,仍存在着很多区际不协调、不一致问题,这在一定程度上成为制约区域整体竞争力提升的瓶颈。2014年2月26日,习近平总书记对京津冀协同发展提出了明确要求,强调实现京津冀协同发展是一个重大国家战略,要坚持优势互补、互利共赢、扎实推进,加快走出一条科学持续的协同发展路子来。这为京津冀三地强化协同,依靠创新增强区域经济内生发展动力,培育新的经济增长点,支撑引领经济社会提质增效和产业升级,破解三地发展难题指明了方向。

　　本书对"创新共同体"的概念内涵、理论基础、构成要素、运行机制以及国内外创新共同体建设的典型案例等进行分析和介绍。在此基础上,通过文献梳理、理论分析、数据对比,并结合实地调研,对京津冀协同创新的发展历程、京津冀经济社会发展现状、京津冀科技资源配置与创新能力以及自 2014 年以来京津冀区域开展协同创新的实践及面临的问题等进行了深入分析和研究。最后，提出了新时期打造京津冀协同创新共同体的思路、目标、重点任务及制度设计与政策选择。这些研究对支撑京津冀协同创新发展具有重要战略意义。

本书的章节安排与研究内容设计具体如下：

第一部分是概念界定与理论分析。本书第一章在梳理国内外有关经济圈、创新圈、创新共同体研究文献的基础上，提出了"创新共同体"的概念和内涵。同时，着重从区域创新系统理论、创新价值链理论、内生增长理论、创新环境理论及协同创新理论深入阐述了创新共同体建设的理论根源。此外，还重点归纳和总结了创新共同体的演变历程与基本规律。

第二部分是国内外创新共同体建设的实践与启示。本书第二章在简要阐述国外创新共同体整体发展历程与建设现状的基础上，重点以美国硅谷创新圈、美国纽约都市圈、日本东京经济圈、法国巴黎创新圈、英国伦敦都市圈与欧盟创新共同体为典型案例，深入分析了国外典型创新共同体建设的实践与启示。第三章对国内创新共同体整体发展历程与建设现状也进行了梳理和分析，并重点以深港创新圈、长三角协同创新区、泛珠三角（9+2）创新圈、关中—天水经济区、成渝经济区、长株潭协同创新区为典型案例，深入分析了国内典型创新共同体建设的实践与启示。

第三部分是京津冀区域协同创新的发展历程。本书第四章分析认为，京津冀地区作为我国经济发展的重要支撑区，在基础设施网络、城镇体系、经济规模、产业布局、合作机制等诸多领域已形成了协同格局，以京津冀为核心的世界级城市群正在形成，创新驱动正成为地区经济转型升级的基本动力，京津冀协同发展进入了一个崭新的历史时期。因此，本部分重点分析了京津冀协同共同体建设背景与意义、发展历程与基础、优劣势与机遇挑战及京津冀城市群发展趋势与协同创新格局。

　　第四部分是京津冀社会经济发展与科技创新能力建设现状。本部分第五章重点分析了京津冀社会经济发展的现状，研究指出京津冀协同创新共同体构建具备了一定的现实基础：一是首都经济圈经济社会发展总体情况较好。二是京津冀三地产业结构不断优化，存在产业转移的现实基础。第六章从科技创新投入、科技创新绩效产出、科技创新载体和创新基础条件平台四个方面对京津冀地区科技创新资源配置现状与创新能力进行分析。分析表明：长期以来，由于京津冀区域创新资源要素配置的不均衡，造成区域创新能力的差距过大，进而致使区域创新协作和产业分工上难以有效衔接，在一定程度上也制约了区域创新链的形成。但是，目前首都经济圈在科技资源共享方面已经取得了一些进展。三是京津冀三地协同发展进程加快，在产业、交通、生态等方面一体化初见成效。

　　第五部分是京津冀区域开展协同创新的实践与探索。本书第七章从创新"软环境"、产业协同发展、生态问题联防联治、交通互联互通、公共服务共享等五大方面，全面梳理和分析了自2014年习总书记提出"京津冀一体化发展"这一战略要求以来，京津冀三区开展协同创新的实践和探索，并归纳总结了当前京津冀协同发展面临的困难和问题。具体表现在：疏解非首都核心功能尚处起步阶段，存量功能分领域疏解方案和支持激励政策尚需加快制定，专项规划的引导作用尚未有效发挥；京津冀三地基础设施和公共服务一体化程度不高，津冀两省市规划的承接园区存在同质化竞争现象；共建园区在产业对接合作上还不够聚焦，共建园区的承接能力也有待提升；产业调控、资质互认、准入标准、交通运输、联合执法等方面的法律法规与政策标准尚不完善，对协同创新的深入推进产生了一定制约等。

　　第六部分是打造京津冀协同创新共同体的思路、重点与对策。本书第八章提出，新形势下京津冀三地要坚持"一盘棋"思想，立足各自特色和比较优势，统筹推进京津冀三地科技领域和经济社会领域体制机制改革，以各类科技园区和产业集聚区为载体，以重大工程和重点项目为抓手，联合共建一批跨区域的产业技术协同创新基地，完善一体化要素市场和科技服务体系，明确创新发展重点与方向，协同推进全面创新改革试验，着力打造重点产业带，完善区域协同创新机制，实施协同创新四项工程，着力推动四大领域的创新合作，共同推进首都建设全国科技创新中心建设，打造全国科技创新高地。力争到 2017 年，全国科技创新中心的辐射带动作用发挥显著，京津冀协同创新共同体基本形成；到 2020 年，区域核心竞争力和国际化水平明显增强，打造形成全国创新驱动经济增长的新引擎。对此，第九章提出应从健全京津冀协同创新组织协调机制，加强服务保障、人才保障、市场保障、资金保障等几个方面入手，为打造京津冀协同创新共同体提供制度与政策保障。

本书具体写作分工如下：前言由王书华、陈诗波执笔；第一章由陈诗波、王晓颖执笔；第二、三章由陈诗波、马真真执笔；第四章由王书华执笔；第五章、六章由陈诗波执笔；第七章由陈诗波、唐文豪执笔；第八、九章由王书华、陈诗波执笔，并由王书华、陈诗波负责全书统稿。

本书是课题组共同努力的研究成果，限于时间与能力，书中尚有许多不足之处，但是我们力争保证书中的基本观点和判断准确、清晰，希望能够为京津冀地区乃至相关部门的政策制定及研究提供参考。最后，向在课题调研与研究过程中给予我们大力支持的科技部及京津冀三地科技管理部门、大专院校、科研机构、企业和科技园区的专家学者及工作人员致以诚挚的谢意。

2016 年 8 月 1 日于北京

目　录

第一章　协同创新共同体建设的理论基础

一、创新共同体的文献梳理和概念界定

（一）经济圈

"经济圈"的概念由法国地理学家 Gottmann 于 1957 年首先提出，从地理学角度出发，他认为经济圈是以一个或多个经济较发达并具有较强城市功能的中心城市为核心，包括与其经济有内在联系的若干周边城镇，经济吸引和经济辐射能力能够达到并能促进相应地区经济发展的最大地域范围；是由许多城市组成一个在经济、社会、文化等方面高度关联的地域带，具有枢纽和孵化器两大功能[1]。日本对经济圈的研究最为深入。20 世纪 50 年代，日本学者木内信藏提出大城市圈层由中心地域、周边地域与市郊外缘腹地三部分组成，中心地域为城市活动的核心，周边地域为与中心城市密切关联的日常生活圈，市郊外缘腹地为中心地域和周边地域向外延伸的广大地区或者远郊区[2]。此后，国外对经济圈的研究从城市群相关概念、城镇群体空间理论逐渐延续到都市圈的转型规律、整合与一体化、协同创新等问题。其中较为典型的研究是 Meijers，他运用经济网络理论和协同理论对经济圈进行研究，并指出城市之间的相互关系决定了协同的产生，都市间关系的本质是协同，经济圈通过协同能够产生大于个体参与者之和的协同效应，特别是产生经济圈协作的互补性和外部性[3]。

我国关于经济圈的研究起步较晚，始于 20 世纪 80 年代中期。1983年，于洪俊和宁越敏在《城市地理概论》一书中首次以"巨大都市带"的译名向国内介绍了 Gottmann 的思想，此后关于经济圈的研究才逐步开展起来[4]。姚士谋从区域空间布局的角度出发，提出城市群的概念，是指在特定的地域范围内具有相当数量的不同性质、类型和等级规模的城市，依托一定的自然环境条件，以一个或两个超大（特大）城市作为地区经济的核心，借助现代化的交通工具、综合运输网及高度发达的信息网络，与各城市个体之间形成一定的内在联系，共同构成一个相对完整的城市集合体[5]。高汝熹和阮红认为都市经济圈是以经济比较发达的城市为中心，通过经济辐射和经济吸引，带动周边城市和农村发展，以形成统一的生产和流通经济网络[6]。张伟指出经济圈是由一个或多个中心城市和与其有紧密社会、经济联系的邻近城市所组成的区域，该区域能够实施有效管理，具有以中心城市为核心的一体化协调发展倾向。核心城市通过发达的交通通信网络，辐射吸引周边区域，促进各区域之间的相互联系，增强区域协作，推动区域经济整体的发展[7]。齐晶晶提出经济圈是由一组经济活动有关联的经济地域单元组合而成的，在地域经济的高速发展过程中，城市之间相互作用，致使城市间的地域边界相互蔓延，形成联结成片的大城市群。此外，国内对经济圈的研究从概念和空间结构逐渐延伸到发展模式、都市圈经济一体化及协同创新问题等[8]。肖金成和刘保奎阐述了京津冀的内涵和首都圈形成和发展的规律性，讨论了首都圈的规划范围和面临的难题，提出了促进京津冀一体化发展的建议[9]。张劲文在详细分析京津冀产业协同创新基础条件及主要制约因素的基础上，针对重点产业领域，提出了京津冀产业协同创新的模式与路径[10]。

从上面各学者对经济圈概念的界定发现，专家学者关于经济圈的说法不一，经济圈又可称为大城市群、城市群集合、大经济区、大都会区或都会集合区。参考已有研究成果，本书认为**经济圈是指在特定地域范围内，由核心城市及与其有内在经济联系和地域相邻的若干周边城镇所覆盖的地域组织形式。**具体而言，**经济圈**具备以下六个方面的特征：

（1）经济圈以中心城市为核心，是一定地域范围内的经济组织实体的地域组合，其中核心城市作为经济圈发展的增长极具有较强的经济集聚和辐射带动功能，由此带动周边区域经济发展；

（2）经济圈的形成需要良好的基础设施条件和区位条件；

（3）经济圈内部具有比较明显的同质性和群体性，与外部有着比较明确的组织和地域界限；

（4）经济圈内部城市间的本质是协同，城市间通过跨地区、跨行业的专业化协作产生协同效应、规模经济效应和外部经济效应，使整个区域的整体功能得到更好的发挥；

（5）经济圈主要从地域的自然资源、经济技术条件和政府的宏观管理出发，组成某种具有内在联系的地域产业配置圈；

（6）经济圈源于地理接近性、空间集聚性、技术和制度的接近性以及资源的可得性，具有极大的创新潜力。

全球一体化的经验表明，经济圈在区际乃至国际竞争与合作中的作用越来越重要，已成为衡量一个国家或地区社会经济发展水平的重要标志。根据中国城市发展报告显示，全世界范围内，美国三大都市区（大纽约区、五大湖区、大洛杉矶区）的 GDP 占全美国的份额为 67%，日本三大都市圈 GDP 占全日本的份额则达到 70%。目前，我国已经形成了京津冀、长三角、长江中游、成渝、珠三角五大国家级城市群。2014 年，全国 GDP 达到了 63.6 万亿元，而五大城市群的 GDP 总和占据了半壁江山（约 52.2%）。这五大经济圈已成为我国经济发展的核心引领区和具有世界影响力的城市群。

（二）创新圈

目前，国内外学术界对"创新圈"概念界定的理论研究基本处于空白，学者多从区域创新体系或区域协同创新体系理论的基础出发对创新圈的概念与内涵进行界定。Cooke 认为，区域创新体系是由地理上相互分工与关联的生产企业、研究机构和高等教育机构等构成的区域性组织系统，该系统支持并产生创新。Meijers 指出，都市圈协同创新体系是由结点（城市、组织）、结点之间的链接（基础组织、关系网络、纽带）、要素流动（人才、物质、信息、资本）和网点构成的[3]。Doloreux[11]和 Strambach[12]指出都市圈协同创新体依赖于创新系统中不同的创新主体（顾客、供应商、竞争者、大学）的协同交互作用，是空间植根性商务互动学习的过程。Diez 和 Berger 从协同角度指出，都市圈协同创新系统是都市圈内外不同创新主体之间及参与主体与环境之间形成协同交互的结果，其中知识基础是关键要素[13]。Bettencourt 等指出，都市圈内创新主体和要素间的连接形成创新网络，创新网络内创新者的交互能够增强信息的流动和知识的溢出，进而有效促进协同创新的产生，最终提升都市创新能力[14]。

国内学者中，隋映辉在对城市创新系统进行分析的基础上，认为城市创新域、产业链以及创新资源的互动将各个城市有机地连接起来，形成了城市创新圈，它具有以下特征：

（1）由一个或多个科技企业、院校、科研机构集聚的城市或地区作为创新中心城市；

（2）围绕中心城市，城市圈内大中小城市的研发、产业与服务呈链条状结构、互补结构；

（3）城市圈内各城市间的创新分工与产业合作紧密，具有较强的创新能力、结构转换能力及国际市场竞争能力；

（4）城市圈内具有良好的生态环境、基础设施网络及以中心城市为核心的辐射能力[15]。

张芳华和朱朝晖从网络角度指出，都市圈创新体系是由该区域内与技术创新有关的机构和组织所构成的网络系统，包括创新体系内的企业、大学与科研机构、中介服务组织及各级政府部门等要素，该网络系统通过一个跨区域的协调组织，实现诸多要素的有效整合[16]。解学梅认为都市圈协同创新是指为了实现都市圈协同创新增值效应，系统内城际创新主体及创新要素不断进行交互作用和协同整合的一种超越城市边界的合作性组织安排。都市圈协同创新的要素包括序参量（企业、政府、中介机构、研究组织）和控制参量（协同机制和外界环境参量），都市圈协同创新系统是由不同创新子系统间的协同和系统内各要素的相互作用所形成的[17]。我国提出的"深港创新圈"就是在区域创新系统理论的基础上具体化而来的。向东指出"深港创新圈"指深圳和香港两地政府与民间力量共同促成的，由两地城市创新系统、产业链及创新资源互动、有机连接而形成的跨城市、高聚集、高密度的区域创新体系及产业聚集带，是以科技合作为核心，整合各类创新要素，全面推进和加强深港两地科技、经济、人才培训、商贸等领域的广泛合作所形成的创新资源集中、创新活动活跃的区域[18]。

总结国内外学者关于创新圈的研究成果发现，创新圈的提法是对区域协同创新和区域创新体系的一种具体化表现，其本质在于打破区域的限制，实现协同创新。结合学者对创新圈的概念与内涵的界定，本书认为创新圈是由城市圈内各城市间及城市内部创新主体、创新要素以及创新环境间通过融合与相互作用而构成的一个高度复杂、开放的区域网络创新系统。它的形成根源于城市结构性资源的稀缺性及要素的互补性和共生性，主要强调知识在创新主体要素间的流动，目标是通过都市圈内创新主体以及创新要素间的不断协同整合实现都市圈协同创新的增值效应。创新圈具有系统性、开放性和非平衡性等特征，具体如下。

（1）系统性：创新圈将研究机构、大学、政府、风险投资、新兴企业和人才群紧密结合在一起，并通过生态系统相互作用实现自我运行。它由城际多主体要素的多维子系统构成，城市间子系统的协同和系统内各要素间通过不断的非线性作用加速创新圈内要素的组合，进而产生系统的增值效应。

（2）开放性：系统内不同的创新主体通过对物质、信息、知识、技术、人才等创新要素流的整合，使创新系统始终处于开放状态。

（3）非平衡性：城市结构的扩张和系统整合的需求促使都市圈创新系统处于不断变动的外界环境之中，并与外界环境不断进行物质、信息和知识的融合，促使系统远离平衡状态。

此外，创新圈的形成需要以下约束条件：

（1）实现城市创新圈的战略、体制、政策的系统整合，这是创新圈形成的基本前提，是创新圈能否产生、存在与发展的决定性力量；

（2）形成创新圈的人才、资金等研发资源的有机衔接和系统聚集，进而合理配置创新资源，使"经济圈"具有创新孵化器的功能；

（3）实现创新圈的创新供应链、产业链、产品链的系统连接，进而避免产业创新、技术研发脱节造成的效率低下等问题；

（4）实现创新圈内的科技园区、孵化器、创新企业及其网络化的系统配置；

（5）实现创新圈内的大中小城市研发、产业与服务链的合理布局；

（6）营造良好的创新生态和氛围。

（三）创新共同体

近年来，部分学者意识到，创新作为跨主体（人或组织）的系统，其不同主体层面的关联性和互动性更适合用"创新共同体"来表示。如 Lynn 等指出"创新共同体"包括"直接或间接参与到新技术商业化中的所有组织和个人"，其理论框架需要研究共同体中不同元素的关系及技术与共同体之间的互动发展[19]。Sawhney 和 Prandelli 则提出了管理分布式创新的"创新共同体"的概念，指出传统围绕研发部门的封闭等级制管理以及基于市场机制的开放式管理都无法很好地协调和控制不同参与者的创新活动，而创新共同体在环境开放程度以及系统稳定性上居于两者之间，能很好地激发和广泛利用人员的个体创造力和集体创新能力[20]。国外对于创新共同体研究较为典型的是美国，它是在 2008 年提出的"创新'空间力量'"计划基础上提出来的，主要由科技园区、大学与学院、联邦实验室及私营研发企业构成，科技园区由初始研发孵化器、独立孵化器及技术转化、商业开发、经济发展等领域的实体所构成；大学与学院则主要由有资质的大学与学院及上述主体所在区域内的相关研究机构构成；联邦实验室主要包括联邦政府建立的实验室、资助的研发中心，及其他由政府部门拥有或租赁的科研中心；私营研发企业以创新能力差异性较大且融资及产业化能力较为薄弱的小微型企业为主体。创新共同体的主要目标是实现"知识产权与实物产权的融合，人力资本与金融资本的碰撞"，推进内部各主体间的协同创新[21]。

目前国内学术界对创新共同体概念界定也基本处于空白的状态。整理国内学者相关研究成果，认为创新共同体是在一定空间范围内创新主体间的协同创新过程。吴永忠和关士续认为创新不仅是企业多职能部门共同参与的活动，而且是发生于企业内外许多机构之中的活动，需要对技术创新主体的观察基点从各个创新行动者转移到创新共同体上来[22]。杨耀武和张任开认为，协同创新是指不同创新主体（企业、高校、科研机构、中介机构、政府等）之间创新要素的有机配合，通过复杂的非线性相互作用而产生整体效应最优的协同过程[23]。张振华等认为在以知识经济为背景的创新活动中，大学、科研院所、企业与政府的"螺旋交迭"是协同创新的核心[24]。王志宝等认为区域协同创新是指科技创新在区域内部实现各地区联动发展，各地区的科研机构、科研人员和科研项目在区域内协同合作，打造区域科技创新平台，最终实现区域科技创新效益最大化和区域科技创新能力的提升[25]。高丽娜等认为区域协同创新是指在创新要素市场化流动基础上，以企业价值链网络为载体，实现区域创新要素共享，增强企业外部创新资源能力，进而提高区域创新能力的过程，是区域分工与合作的重要发展趋势。区域协同创新的形成，首要的推动力是创新主体（创新者、创新型企业）在组织间、区域间的流动；

其次是创新成果的市场交易与知识流动[26]。在习近平总书记提出京津冀协同发展的基础上，为了推进京津冀科技协同发展，学者和相关政府部门提出了建设京津冀创新共同体。

本书中的创新共同体是指一定区域范围内不同创新主体（企业、高校、科研机构、中介机构、政府等）通过复杂的非线性相互作用而产生整体效应最优的跨区域协同创新体系。它必须具备以下几个方面的特征：

（1）创新过程包括企业、研究机构、高校、政府和中介组织等众多参与者，这些参与者共同参与创新活动；

（2）创新的参与者之间通过资源要素的互补形成相互协作的关系；

（3）强调基于创新成果的所有参与者之间的互动；

（4）能促进创新资源的合理配置并产生知识溢出、知识扩散等效应，提高创新效率；

（5）创新共同体是跨区域的创新体系。

（四）创新圈、经济圈与创新共同体之间的关系

打造创新圈是目的，建设创新共同体是手段，最终目标是通过经济圈内创新主体及创新要素间的不断协同整合与资源共建共享，实现经济圈协同创新的增值效应，提升整个经济圈的科技支撑能力与经济社会发展水平。京津冀的区域协同创新应以京津冀地区经济社会发展对科技创新的需求为基本出发点，集成整合区域范围内的企业、政府、科研机构、高校和中介机构等创新主体及信息、技术、人才、资金等各类创新要素，并通过构建互利共赢的区域创新合作与发展机制，围绕主导产业和战略性新兴产业建设一批协同创新基地，实施一批重大创新专项，促进一批重大科技成果的孵化与转化，形成一体化的区域创新体系和点轴支撑的区域创新布局，打造资源配置高效、产业协同发展的创新圈，进而提升整个经济圈的集聚力和辐射力，促进区域空间开发格局的优化和经济社会的创新发展。

二、创新共同体理论分析

（一）区域创新系统理论

英国卡迪夫大学的 Cooke 教授于 1992 年提出了区域创新体系（regional innovation system）的概念，认为区域创新系统主要是由在地理上相互分工与关联的生产企业、研究机构和高等教育机构等构成的区域性组织体系，而这种体系支持并产生创新，强调主体间的互动。自Cooke 提出区域创新系统概念后，众多国内外学者都对此进行了研究，他们从不同角度对区域创新系统进行了定义。如胡志坚和苏靖指出区域创新系统主要由参与技术开发和扩散的企业、大学和研究机构所组成，并由市场中介服务组织广泛介入和政府适当参与的一个为创造、储备和转让知识、技能和新产品的相互作用的创新网络系统，它是国家创新系统的子系统，体现了国家创新系统的层次性特征[27]。Lambooy 认为区域创新系统是由区域生产中的合作者组成的互动的、动态的结构，这些体系能使区域经济各主体充分发挥和扩展其才能，也能引导那些致力于建立认知能力（如学习、研究等）和构筑企业网络的政府和组织，强调创新网络的动态性。综合来说，区域创新系统的概念至少应包括以下基本内涵：

（1）具有一定的地域空间范围和开放边界；

（2）以生产企业、研究与开发机构、高等院校、地方政府机构和服务机构为创新主要单元；

（3）不同创新单位之间通过关联构成创新系统的组织结构和空间结构；

（4）创新单元通过创新（组织和空间）结果及其与环境的作用和系统自组织作用来维持创新的运行和实现创新的持续发展[28]。

（二）创新价值链理论

Timmers 认为创新链包含基础研究、技术开发、技术应用和部署等一系列过程[29]。从宏观角度而言，Larson 和 Brahmakulam 认为创新链是连接从知识到创新，从创新到财富、经济发展最终到国家繁荣的环环相扣的过程。创新价值链理论以价值链理论为理论基础，是创新与价值概念的有机结合[30]。2007 年，Morten 等在 *Harvard Business Review* 上发表题为 "The Innovation Value Chain" 的论文，提出了 "创新价值链（The Innovation Value Chain，IVC）" 的概念，认为创新价值链是一条创意从产生到转化为商品以提高企业绩效的完整的活动流[31]。创新价值链理论也由此成为解析创新经济过程和评价创新绩效的重要基础理论。

（三）内生增长理论

内生增长理论（the theory of endogenous growth）产生于 20 世纪 80 年代中期，是西方宏观经济的一个理论分支，其核心思想是认为经济能够不依赖外力推动实现持续增长，内生的技术进步是保证经济持续增长的决定因素，强调不完全竞争和收益递增。内生增长理论是以 Romer 为首的学者对索洛模型进行的扩展。索洛模型当中将技术进步视为外生给定的，而没有对这种技术进步的源泉进行解释。Romer 和 Lucas 放弃技术外生的假定，把技术进步内生化，将技术进步及其增长率作为经济增长的解释变量，颠覆了新古典增长模型理论，拉开了内生增长理论的序幕[32, 33]。内生增长理论实现了从完全竞争到不完全竞争的转变，使人们认识到仅仅用外部性来处理知识积累的回报是不够的，知识积累必须获得直接和明确的回报，这是通过在模型中设立利润最大化的研发部门来解决的；Jones 敏锐地发现了这类研发模型中隐含的规模效应与现实相矛盾，对"Jones 批判"的回答导致了"内生"和"半内生"的去除规模效应的理论模型。这两类模型的共同点是技术进步是由研发活动内生决定的，不同点在于对政府政策因素是否具有长期增长效应的处理，这是两类政策含义完全不同的理论模型。

（四）创新环境理论

创新环境的概念，是由欧洲创新研究小组（GREMI）于 1985 年率先提出的。之后不同学者对于区域创新环境的概念给出了不同的解释，如 Aydalot、Camagni、Carbonara 等认为企业集合所形成的外部支撑条件、共同认知体系构成了创新环境的重要方面[34]，与美国经济社会学家 Granovetter 的根植性（embeddedness）思想相似。这些学者强调创新网络根植于特定的创新环境之中。纵观国外学者对区域创新环境的描述，普遍认为区域创新环境由区域创新软环境和硬环境构成。区域创新硬环境包括交通、通信、信息网络等；软环境包括利于区域知识创新和顺利流通扩散的制度、政策法规及学习氛围，勇于创新和尝试、宽容失败等社会文化环境等。值得注意的是，在区域创新活动中始终贯穿文化的思维，对于区域的价值体系和发展目标形成指引。

（五）协同创新理论

协同创新的先期基础是协同制造与开放创新。魏建漳[35]认为，协同制造是充分利用网络技术、信息技术等手段，实现供应链内部及供应链之间的企业在产品设计、制造、管理和商务等方面精细合作，最终通过改变业务经营模式达到企业资源最充分利用的目的；开放式创新模式意味着，一个组织可以从其外部和内部同时获得有价值的创意和优秀的人力资源,运用外部和内部的研发优势在外部或内部实现研发成果商业化，并在使用自己与他人的知识产权过程中获利。协同理论认为，协同是指在复杂大系统内，各子系统的系统行为产生出的超越各要素的单独作用，从而形成整个系统的统一作用和联合作用。协同创新是各个创新主体要素的整合及创新资源在系统内的无障碍流动，是以知识增值为核心，以企业、高校、科研院所、政府、教育部门为创新主体的价值创造过程。其关键是形成以大学、企业、研究机构为核心要素，以政府、金融机构、中介组织、创新平台、非营利性组织等为辅助要素的多元主体协同互动的网络创新模式，通过知识创造主体和技术创新主体间的深入合作和资源整合，产生系统叠加的非线性效用。陈劲等[36]认为，协同创新具有两大显著特点：

（1）整体性，创新生态系统是各种要素的有机集合而不是简单相加，其存在的方式、目标、功能都表现出统一的整体性；

（2）动态性，创新生态系统是不断动态变化的，对于创新协同的研究能够为创新资源整合、技术创新的有序扩散、继而形成创新簇群提供新范式。

三、创新共同体的演变历程与基本规律

（一）演变历程

1. 企业技术协同创新阶段

随着经济全球化的加剧，企业面临的市场环境日益多变，创新难度加大，创新风险提高，经营环境的变化改变了封闭式创新范式下各个环节之间的联结。企业的创新不能仅局限于内部的生产、销售等诸多环节，企业必须与外部机构或组织建立广泛的社会联系，尝试从供应商、销售渠道、科研机构、外部咨询公司等获得有用的创新思想，不断进行技术创新活动。企业的技术创新活动成为一个处于各种复杂环境中的系统。在这种背景下，以企业技术需求为导向，围绕企业这一核心主体，与高校、科研机构、中介机构、政府等主体间的协同创新成为热点。陈光[37]指出，在这一阶段，企业是创新的主体，高校、科研机构、政府中介组织等创新主体起着促进企业创新能力提升的作用，各个创新主体围绕企业的技术需求进行产学研合作。企业与高校和科研机构通过合作，一方面为企业提供互补性知识及其他隐形资产（如人力资本），另一方面可以减少企业研发风险与成本，并从规模经济中获益。企业与中介机构的合作，可以提高企业科技成果转化效率。政府通过基础设施建设、金融与税收等政策、知识产权保护等法制环境和创新文化等社会环境建设，为企业自主创新创造良好的外部环境。企业和企业创新主体之间不仅是建立研发的共同体，同时也是建立互利共赢的利益共同体。因此，保障知识和技术创新者的收益是协同创新利益分享的首要要求。

2. 集群式创新网络阶段

20 世纪 90 年代中期以来，各类企业（包括跨国公司、大企业及中小企业）致力于与其他企业建立更多、更加紧密的联系，以获取规模经济、市场力量或追寻新市场的机会。企业通过各种正式或非正式的方式参与联合行动，如营销协同、生产协同、资源共享等，进而推动集群式创新网络的形成[26]。与传统的线性创新机制不同，集群式创新是以专业化分工和协作为基础，同一产业或相关产业的企业集中在一定区域范围内，通过地理位置上的接近，企业与企业之间以及企业与所在区域政府、大学、中介机构之间交互作用，从而形成的集群式创新网络。集群内的创新主体通过产业链、价值链和知识链形成长期稳定的创新协作关系，具有集聚优势和大量知识溢出、技术转移和学习特征[20]。在集群内部，生产企业以市场需求为导向直接进行创新，零部件或原材料供应商、服务企业进行跟随关联创新，大学、科研机构与企业合作提供先进知识和技术；教育培训、金融等中介机构分别提供创新所需的专业人才、资金和信息；地方政府、行业协会、社区网络等社会机构为集群提供创新所需的政策扶持、公共平台、制度规范和文化环境等。企业与企业之间，企业与其他行为主体之间，通过产业联系、制度和政策协同等积极参与到创新过程中，形成区域创新网络。在这一过程中，各个创新主体在交互作用中通过创新网络连接，形成协同创新，从而使得各种网络联系成为创新的源泉。从目前我国的集群创新网络的运行来看，只强调本区域网络节点（如企业、大学、研究机构、政府等）的运行，其封闭性导致创新潜力日益萎缩。区域集群创新能力的提升不仅取决于本地区域创新要素的良好协同，还取决于跨区域创新协作网络的建立。集群式网络创新示意图见图 1-1。

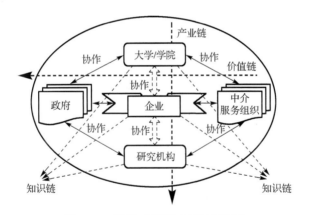

图 1-1　集群式网络创新示意图

3．跨区域协同创新阶段

进入 21 世纪以来，随着经济全球化浪潮的推进和区域整合趋势的加强，城市之间的相互依赖性和经济互动性日益增强，技术、知识、信息、人才等生产要素更趋于空间区域中的集聚与整合[21, 38]。由此，都市圈成为创新集聚和扩散的空间载体，构建跨区域的创新共同体成为政府和专家关注与研究的热点。跨区域的创新共同体实际上是由城际多主体要素构成的多维子系统的相互协同所形成的一个高度复杂的开放系统。具体而言，它既包含众多城市层面的子系统，也包括城市本身所包含的众多创新要素的复杂系统，其构建的目的是通过不断整合系统内的创新要素，实现区域协同创新的整体效应。在跨区域创新共同体中，各创新主体必须明确自身在创新系统中的功能和作用，并在制度性调整的前提下，通过多重互补性和城际关系的可达性，形成有利于跨区域协同创新的自组织有序结构，促使子系统内创新增值与跨区域创新系统整体增值效应同步发展，以最终实现区域整体的协同效应[17]。跨区域创新共同体的构建有利于实现资源在区域之间各生产环节的协同整合，促进区域间优势互补、合作共赢，是确保区域一体化良性发展、提升区域整体优势的重要支柱，是区域创新发展的必然结果和高级阶段。图 1-2 为跨区域网络系统创新多层系统。

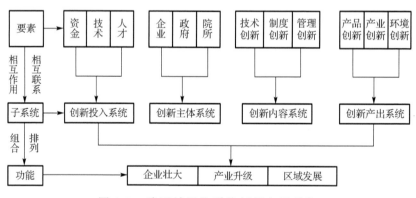

图 1-2　跨区域网络系统创新多层系统

从创新共同体的演变历程可以看出，创新共同体经历了以企业为主体的技术协同创新、行业层面的协同创新和跨区域的协同创新三个阶段。其研究的维度和尺度逐步扩大，是一个逐步包含的关系。这三大层面的要素相互作用，使得整个区域的创新能力得以提升。

（二）构成要素

1．创新主体

创新主体包括企业、大学与科研机构、金融机构、各类中介机构及政府。其中，企业是创新的主体，也是创新系统的核心；大学和科研机构主要是知识和技术创新的主体，承担着人才培养、基础科学研究和知识应用化的重任；解学梅等[39]指出，中介机构主要为技术创新提供辅助性服务支持，可以促进技术、知识、人才、信息、资金等创新资源要素在创新主体之间的流动；金融机构主要为科技创新提供特定金融商品和服务（如信贷、交易结算、上市融资、保险等），以满足技术创新企业和机构在技术人才引进、设备更新、技术交易、研发投入和扩大产能等方面的资金需求。政府作为外控变量，主要是制度和体制创新的主体，为各行为主体的高效协同提供良好的制度和政策环境。贺灵[40]认为，企业与研究机构、大学间的协同可推动新产品的开发。创新主体间协同的根本动力或目标是共同推动区域创新，获得共同收益[41]。创新主体间的流动是推动区域协同创新形成的重要微观力量。解学梅等[42]指出，创新主体在组织间、区域间流动产生创新扩散和知识溢出，是区域间溢出发生的关键机制。创新共同体的主体构成见表 1-1。

表 1-1　创新共同体的主体构成

构成要素	主要角色	关键活动
企业	研究与开发、知识传递	应用性或商业化研究与开发、区域生产体系、产业供应链、产学研体系、人员流动、专利交流
大学与科研机构	研发活动、知识传递	教育培训、产学研体系、学术和理论研究、产品开发与技术升级
中介	促进创新成果的传播与转化	管理、产权交易、物流、商业或法律咨询
金融机构	扶持创新资金	创业投资机构、新兴金融机构、融资贷款
政府部门	规划环境与制度	设立科技园区、产业或科技政策、基础设施建设

2．运行机制

陈丹宇[43]认为，创新共同体运行机制是指创新行为主体内部的运营机制和主体之间的互动机制，是一个基于竞争和合作机制的资源要素匹配过程，其通过激活区域内的资源要素，实现创新资源在区域内的共享，优化区域中的资源配置，完善资源要素匹配性，从而获取区域创新资源最大效率。白俊红等[44]和许彩侠[45]认为，它是系统各要素间相互影响和作用的过程，是在创新过程中各类要素之间通过产品、服务、资金等的交易或交换及知识、信息等的流动和扩散而建立起来的，主要包括形成机制、动力机制、学习与创新机制、协调与治理机制。信息和知识的流动与共享是这些机制能否有效运转的一个重要组成部分。因此，对于跨区域创新共同体而言，需要一个有实质"权力"和实际协调效果的协调机构，需要以有效的联系机制和合理的组织协调机制为基础，通过成立专门的组织协调机构，负责区际经济合作在研究策划、统筹规划、联系沟通、指导实施、信息服务、政策法规咨询等方面的工作，以实现区域间优势互补和共同发展。

3. 创新环境

创新环境分为硬环境和软环境。张莹[46, 47]指出，硬环境主要指创新基础设施，包括物质基础设施和技术基础设施，物质基础设施主要包括交通、通信设施等，技术基础设施包括技术标准、技术数据库等。软环境主要体现在法律政策、市场需求、人员素质及创新文化等方面。政府通过其掌握的立法权和行政权力制定出与区域创新相关的法律和政策，并利用其特殊地位协调沟通其他不同创新主体，为区域创新网络关系的形成发挥功效。区域创新系统需要建立在知识产权保护制度和企业高效联动基础上，并通过持续的制度变革来培育创新的社会环境。其中，社会网络是区域创新系统中的关键要素，是区域内企业间知识转移的重要渠道。对于跨区域的创新共同体而言，地方政府间跨区域合作需要循序渐进地创建跨区域合作与发展的联盟文化，并通过建设学习型政府来促进跨区域合作与联盟文化的生长和繁荣。

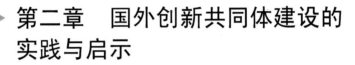

第二章　国外创新共同体建设的
实践与启示

一、国外创新共同体的提出与发展

创新共同体理念源自美国大学科技园区协会等诸多组织陆续联合发布的《空间力量：建设美国创新共同体体系的国家战略》《空间力量 2.0：创新力量》等报告。报告指出，创新共同体由四大基本元素构成：科技园区、大学与学院、联邦实验室、私营研发企业。其主要目标是实现"知识产权与实物产权的融合，人力资本与金融资本的碰撞"，推动以研发集群为核心的投资与经济开发行为[48]。

近几十年来，随着经济全球化浪潮的推进和区域整合趋势的加强，城市之间的相互依赖性和经济互动性日益增强，技术、知识、信息、人才等生产要素更趋于空间区域中的集聚与整合。在这一背景下，欧美等发达国家创新共同体发展经历了企业技术协同创新、集群式创新网络、跨区域协同创新三大阶段。同时，都市圈、城市群也逐渐成为创新共同体发展的空间载体。都市圈通过多重互补性和城际关系的可达性，推动创新共同体创新增值和跨区域创新系统整体增值效应同步发展，进而促进各地区之间优势互补、合作共赢，着力提升区域整体优势。目前，国际上已形成纽约、伦敦、巴黎、北美五大湖、东京等世界五大都市圈。这些都市圈具有以下特点：

（1）大都市是城市圈的核心，是人口与产业集聚的引力中心。世界各个都市圈均由大都市和众多中小城市组成。如美国东北部大西洋沿岸的波士顿-华盛顿都市圈就是由波士顿、纽约、费城、巴尔的摩、华盛顿等 5 个大都市和 40 多个中小城市组成的；日本的东海道太平洋沿岸都市圈就是由东京、名古屋、大阪三大城市组成的。

（2）交通运输业和信息产业的快速发展是国外都市圈发展的主要驱动力。国外都市圈大多拥有由高速公路、高速铁路、航道、通信干线、运输管道、电力输送网和给、排水管网体系所构成的区域性基础设施网络，其中发达的铁路、公路设施构成了城市群空间结构的骨架。

（3）合理的区域分工体系是都市圈发育成熟程度的核心指标。纽约、伦敦、巴黎、东京等都市圈内各城市根据自身在区域背景下的优劣势条件而承担不同的职能，在分工合作、优势互补的基础上共同发挥了整体集聚优势，形成整体的区域竞争力。都市圈的中心城市，其核心职能的类型和服务层次应该和圈内其他区域形成一定的区别。纽约和波士顿的金融业都非常发达，但是它们服务的范围和对象却不相同，分别在不同的领域具有强大竞争力。

在全球化和知识经济时代，创新已成为经济发展与国际竞争的决定性因素，尤其在后金融危机时代，发达国家强调要突破行业、区域、国别界限，加快构建能最大限度地整合全国乃至全球资源的"创新共同体"，以保持其科技创新的世界领先地位。如美国为了应对国际金融危机，提出要着力打造一个将全国各个创新主体系统连接起来的"美国创新共同体"，以促使该体系全面承担起美国研发竞争力提升的主要任务。欧盟为解决欧洲创新竞争力日益衰竭的问题，组建了"欧洲创新工学院"（EIT），首批启动了三个知识与创新共同体，包括气候变化与创新共同体、可持续能源知识与创新共同体、未来信息技术知识与创新共同体，提出要通过内生性发展、智能发展和可持续发展，把欧盟建设成为世界上最具竞争力的知识型经济体。由此可见，创新共同体已成为发达国家构建区域创新体系的重要手段。创新共同体基于都市圈经济社会发展对科技创新的需求，集成整合区域范围内的企业、政府、科研机构、高校和中介机构等创新主体及信息、技术、人才、资金等各类创新要素，并通过构建互利共赢的区域创新合作与发展机制，着力于区域创新布局，进而打造资源配置高效、产业协同发展的创新圈，提升整个经济圈的集聚力和辐射力，促进区域空间开发格局的优化和经济社会的创新发展。

二、国外创新共同体典型案例分析

（一）美国硅谷创新圈

美国硅谷创新圈是在创新产业集群发展的基础上形成的，是国外创新共同体建设的典型代表之一。20 世纪 60 年代中期以来，硅谷以具有雄厚科研力量的美国一流大学斯坦福大学、加州大学伯克利分校等世界知名大学为依托，开始大量集聚高新技术企业，逐渐成为美国重要的电子工业基地和世界最为知名的电子工业集中地。同时，随着区域轨道交通与公交系统的建设，该地区逐渐由公司密集型区域向城镇密集型区域转变，并与周边城镇相互支撑，形成了以创新集群为集聚核心、就地配套为基础配套、周边城市为关联支撑的创新圈[49]。如今，美国硅谷地区已发展成为一个占地 1800 多平方公里、拥有 300 万人口的世界级创新圈。

纵观美国硅谷创新圈发展历程，其独特的发展路径、成功经验对我国京津冀地区创新共同体建设具有较好的借鉴意义。具体举措如下。

1．健全的产学研深度合作体系

硅谷创新圈非常重视企业与大学等研究机构的协同发展。一是强化企业与高等院校的互动学习机制。如企业积极与学院建立定向联系，其员工可以参与学校举办的学术交流活动和社团活动。其次，高等院校鼓励学生创新创业。以斯坦福大学为例，学校专门设立创新创业课程（包括创业管理、创业机会识别和技术创业），积极培养学生的创新创业观念。同时，还与企业共同设立创新创业基金，为在校生创业提供资金支持。

目前，在硅谷创新圈内，斯坦福的师生和校友创办的企业产值占到硅谷地区产值的 50%～60%。最后，高等院校鼓励教师离岗创业。以加州大学伯克利分校为例，学校规定教师和研究人员在完成教学、科研任务的基础上，可以到企业从事科研成果转化和经营活动。另外，学校还鼓励年轻教师、科研人员离岗创业。硅谷创新圈重视产学研深度合作，一方面，大学为硅谷新思想、新技术、新工艺出现提供技术资源，也为硅谷输送高质量科技人才和创业人才；另一方面，硅谷也为这些高校科研人员、学生提供了充足的发展场所和空间，促进了大学科研成果向科研商品的快速转化，促进了产学研一体化。硅谷创新圈成功之处就在于构建了企业、大学与研究机构区域创新网络。

2．完善的协同创新软硬件设施建设

硅谷创新圈不仅道路、通信、城市建设等硬件设施完备，其软件设施如人才市场、信息网络、技术支持、风险投资等也很完善，为区内企业的发展和新企业的创立提供了较好的生产环境和外部支持。

首先，构建优越的硬件基础设施[50]。硅谷最初的高速成长受益于较为低廉的地价和毗邻旧金山的地缘优势，而加利福尼亚州良好的天气和充足的阳光也有助于营造硅谷优渥的生活环境。同时，硅谷创新圈一直致力于道路、通信等公共基础设施建设，进一步提升区域内公共服务水平。

其次，加快人才市场、信息网络、技术支持、风险投资等软件环境建设。其中，成熟的风险资本市场为美国科技成果转化、技术创新的实现及新经济增长点的培育都发挥了不可替代的作用，也为失败者重新创业提供了技术支持和资金支持。目前，硅谷吸引了全美超过30%以上的风险投资，美国风险协会约400家会员中半数以上都将总部设在硅谷。

最后，营造宽松的政府管理方式。地区政府不干预和指导企业的发展，其主要职责在于营造一个公平竞争的法律和市场环境，从而确保市场经济中企业之间的竞争能够自由而有序地进行。

3. 鼓励创新创业的文化氛围

硅谷创新圈内有一种不怕冒险、宽忍失败、热衷创业、追求卓越的文化氛围，这种创新的思维和文化激励科技人员勇于进行科技创新，激励企业家勇于冒险不断创业。在这种甘于冒险、不怕失败的氛围下，不需政府的投资或优惠政策的引导，产业集聚区的企业和人员就会不断进行创新，勇于参与激烈的市场竞争。硅谷内这种独特的创业精神，促使了新公司不断从原有公司中衍生分立出来，不断有新企业产生，促使硅谷始终保持着持续不断的自主创新能力，并最终在全球竞争中获得胜利。如 2001～2010 年硅谷每年诞生约 23500 家企业，虽然期间仍会有一定数量的企业倒闭，但每年平均新增企业仍在 9000 家左右。同时，鼓励创新创业的文化氛围也吸引了国内外高层次技术人才的集聚。目前，在硅谷总共 290 万人口中，有 120 万高素质劳动力，这些高素质劳动力表现出高度国际化特征。调查显示，美国硅谷中的国外出生人口占 37%，在硅谷家庭中母语为西班牙语的家庭比例最高，达到 40%；其次，母语为中国汉语的家庭占 15%，越南语占 10%，菲律宾语占 9%，印度语也迅速升至 6%。美国移民局着力让学有专精的外国知识分子移民美国，留在当地创新创业。对外来人才的高度包容性使得硅谷的高技术高学历人才比例远远超过其他地区。

4. 政府扶持与市场机制并重

在硅谷，政府高度重视市场机制的作用，其主要职责是保持区域内的创新活力。2006～2010 年，政府年均仅提供 250 个名额，共计 9000 万美元创新奖励。但与此同时，政府高度重视社会基础建设，2011 年上半年，硅谷基础教育的投入约为 6.65 亿美元，远远高于政府创新投入。政府扶持与市场机制的并重，一方面使得中小型创新企业一直保持人才创新和创业的积极性，有助于技术创新的快速发展；另一方面，政府对于社会基础建设的高投入为硅谷的企业和大学吸引并留住人才提供了坚强的保障。此外，政府完善政策法规，鼓励知识与人才高速流动。在硅谷，除了为人才提供较为优惠的居住政策，政府还为其他的学习行为主体设立了《小企业政策法》《中小企业从业人员所有制法》《制度缓和法》《公正平等法》《扩大中小企业输出法》《中小企业资本形成法》和《中小企业创新发展法》等一系列法律、法规。完善的政策和制度不仅为政府及时退出和减少对市场的干预提供了保障，还为政府节省了大量的财力、物力和人力。

5．强化中介服务机构的功能

首先，管理型中介机构发展迅速。美国是高度重视自由精神的国家，政府一般将对企业监管和管理的大部分权力交由众多民间的行业协会执行。硅谷自然也不例外。如美国电信协会（AEA）、半导体工业协会（SIA）和半导体设备和材料协会（SEMI）等管理型中介组织负责监督和管理企业经济行为。这些管理型中介机构的主要职责在于：一方面，帮助企业解决创新中遇到的技术难题，为成员搭建学习和交流平台；另一方面，为政府宏观政策或制度的制定提供相关的政策建议。其次，风险投资机构为企业创新创业提供资金支持。据统计，2014 年，硅谷和旧金山地区的风险投资额猛涨，是 2000 年以来获得风险投资最多的一年，仅前三季度就达到 145 亿美元（其中旧金山 72 亿美元，硅谷 74 亿美元）。硅谷和旧金山地区的风险投资额占加州和全美总额的比例为 73.7% 和 43%，分别增长了 1.5% 和 7%[51]。最后，服务型中介机构为企业创新创业活动提供专业化服务。在硅谷，人力资源中介机构和技术转移中介机构为硅谷企业之间、企业与大学之间的合作搭建了重要通道，是企业获取知识和人才的重要途径；决策咨询、法律咨询和会计咨询等服务机构为硅谷企业之间、企业与大学之间的合作提供了信息和知识的保障。

（二）美国纽约都市圈

纽约都市圈是以纽约为中心城市，以华盛顿、波士顿、费城和巴尔的摩为次中心城市的多核型都市圈，是美国经济的核心地带，也是世界上经济最发达、功能最完善的大都市圈，其以占美国 1.5%的国土面积和20%的人口创造了占全国 24%的经济产值。目前，美国纽约都市圈在空间结构上形成了四个圈层：

一是核心圈，主要包括曼哈顿地区，是典型的中央商务区（CBD），是纽约的城市商务活动中心和高档功能集聚区域，也是整个纽约都市圈的核心部分和美国经济的"心脏"。

二是纽约市（城区），主要包括纽约市辖的曼哈顿、皇后、斯塔腾岛、布朗克斯、布鲁克林等五个自治区。

三是纽约大都市区，其由纽约市区及与周边若干经济联系密切的郊区组成，其中郊区不属于城市当局管辖，但与城市经济高度联系，是主要的通勤区域，属于纽约大都市圈的内圈。

四是纽约大都市圈，即上述所界定的"跨越 10 个州、包括五大中心城市"的空间范围，包括纽约大都市区加上纽约大都市圈的外圈[52]。

值得一提的是，纽约都市圈最突出的特点是建立了以核心城市带动其他城市发展的协同创新共同体，通过整合区域内创新主体和创新要素来打造资源配置高效、产业协同发展的创新圈。其成功做法如下。

1. 组建跨城市创新联盟，提升区域创新协作能力

纽约城市群创新特别区是纽约都市圈跨城市创新联盟的典型代表，它是"半官方性质"的地方政府联合组织，其主要职责在于协调区域内创新活动，提高各区域创新管理和协作水平。此外，纽约城市群创新特

别区的协作范围随着创新管理目标的变化进行调整，最小的仅由两个城市联合，最大的则包括了整个城市群的联合。

2. 构建功能互补、错位发展的都市圈产业链布局体系

纽约都市圈最主要的成功经验之一在于科学合理的城市间分工协作格局。都市圈内的各大城市通过区位比较优势和市场机制等因素的综合作用，逐渐形成了以优势产业为主导、功能互补、错位发展的都市圈产业链布局体系（表 2-1）[53]。其中，纽约以金融、贸易和生产性服务业为主导。早在 20 世纪初纽约就是全美的"银行之都"，在世界金融、证券和外汇市场上有着重要影响。同时纽约又是美国和国际大公司总部的集中地，全美 500 家最大的公司，约有 30%的总部设在纽约，与之相关的广告、法律、税收、房地产、数据处理等各种专业管理机构和服务部门也云集于此，形成了一个控制国内、影响世界的服务和管理的中心。同时，借助纽约的资本优势，都市圈内的其他核心城市也都根据自身特点，寻找与纽约的错位发展之路，分别形成了各自的产业亮点，如波士顿的高科技产业、费城的国防及航空工业、巴尔的摩的矿产冶炼工业，以及作为首都的华盛顿政治中心及其发达的旅游业。

表 2-1　纽约都市圈五大城市产业状况

五大城市	主要产业	核心职能	荣誉
华盛顿	信息、金融、商业服务、健康与教育服务、休闲服务、生物科技、国际商务	全美政治中心	
纽约	金融、商贸、生产性服务业	全美金融中心、商贸中心	"银行之都"
波士顿	高科技服务业、金融、教育、商贸、医疗服务、物流服务	都市圈的科技中心	"美国东海岸的硅谷"
费城	清洁能源、生物制药、教育服务、交通运输	都市圈的交通枢纽和全国制造业中心	"美国的鲁尔"
巴尔的摩	工业制造业、商贸、服务业	制造业和进出口贸易中心	

3．强化金融对技术创新的支撑

纽约都市圈在建设协同创新共同体的过程中，着力发挥金融创新对技术创新的助推作用，积极培育壮大创业投资和资本市场，形成了各类金融工具协同支持创新发展的良好局面[54]。根据最新《全球金融中心指数》，美国纽约击败英国伦敦，成为"世界金融之都"。纽约是全美的"银行之都"，同时也是美国和国际大型创新公司总部的集中地。据统计，全美500强企业中约有30%的研发总部与纽约的金融服务相联系。值得注意的是，纽约建立了以资本市场为主导、多种融资方式并存的金融服务体系。在纽约都市圈内，有纽交所和纳斯达克市场、全国性的场外交易市场和私募股票交易市场等多个重要资本交易市场，这为纽约都市圈创新发展提供了资金支持。同时，纽约在担保体系和资本市场的基础上建立了比较完善的间接融资风险分担体系，为间接融资的开展提供了便利条件。此外，纽约都市圈重点从金融体制、金融服务、金融政策、金融升级着手，打造金融业对纽约都市圈创新支持的四大支撑平台。

4．强化产学研合作，保持创新活力

纽约都市圈创新共同体建设十分重视产学研合作。首先，创新孵化机构与高等院校合作，构建产学研创新机制。政府大力支持各种孵化器、科学园设在大学校园内，这有利于大学科技创新成果的直接转化，还促进了高新技术企业的成长。以纽约市为例，2004~2009年，科技企业从10569家增长到24163家，年增长达21.44%。其次，鼓励科研机构私营化发展，这促使其科研活动紧随市场的供求变化，加快了纽约数以百计的科技企业将成果向现实生产力转化。再次，鼓励技术成果商业化。以哥伦比亚大学为例，到2005年底，通过技术成果商业化已经获得超过10亿美元的收入。2006年学校又获得多达2亿美元的收入，同时还获得了2000万美元由企业赞助的研究经费。最后，成立纽约科学、技术和学

术研究办公室（NYSTAR），其主要任务是在纽约现有的包括人力和机构在内的科技资源中发现并孵育推动经济增长的技术引擎，创造更多的就业机会。NYSTAR 在纽约市依托大学和非营利组织设立了 14 个先进技术转化中心和发展中心，截止到 2006 年共实施了 41 个合同，提供了 8000 多万美元的杠杆资金。

（三）日本东京经济圈

东京经济圈主要包括东京都、神奈川县、千叶县、埼玉县、茨城县、栃木县、群马县、山梨县等 1 都 7 县。作为日本自主创新国家战略的首要践行者，它坐拥良好的创新环境，从第二次世界大战后的传统工业城市群逐步转变为现代化的特大型都市经济圈，树立了独具一格的 "东京模式"，即 "工业（集群）+研发（基地）+政府（立法）" 的深度融合，使得 "东京圈" 成为制造业基地、金融中心、信息中心、航运中心、科研和文化教育中心以及人才高地[55]。在《2014 全球创新城市指数》评价的 445 个城市中，东京的综合创新实力位列第 15 名。《2013 年全球城市综合实力排名》中，东京位列亚洲首位、全球第四，显示了其强劲的综合实力。在日本东京经济圈发展过程中，十分重视经济圈协同创新共同体建设，其成功经验如下。

1. 政府统筹规划与市场协调机制并重

在东京经济圈建设和发展过程中，政府发挥主导作用。政府通过立法，将权利分配给各个城市，使它们能够根据自身情况明确各自的区域功能定位及各自的分工，以便更好地发挥各个城市的比较优势，最终将东京首都经济圈打造成为以高端制造和现代服务相结合、在亚洲地区首屈一指的创新共同体。同时，从经济圈整体出发，对经济圈制定统一规划。通过建立交通及信息共享平台来促进都市圈的协同创新。此外，东京经济圈在发展过程中，也十分重视市场机制的作用。尤其是在产业结构的调整、资源的优化配置及劳动力资源的流动方面，市场的价格机制都起到了很好的引导作用。比如，在东京作为中心化城市刚刚发展起来的时期，人口和产业集聚给中心城市带来了巨大的压力，物价上涨、人口膨胀和污染加重等。此时，在市场机制的调节下，很多企业、机关以及设施开始向周边转移，进而带动人口流动，也促进了周边地区的发展和创新资源的优化配置。

2．产学研合作提升经济圈协同创新能力

首先，加大财政经费投入，鼓励产学研协同创新。自 2003 年开始，经济产业省每年制定与产学研合作相关的政府预测方案，主要用于大学研究开发的实用化、完善创造性的产学研结合体制、产学研结合人才培养、支持产业技术研究、推进各领域研究开发项目等。同时，作为促进产学研合作的主要负责机构，文部科学省也配套相应的经费支持产学研合作。

其次，成立专业的产、学、研协作平台。为了完善相关产、学、研合作机制，建立更有竞争活力创新体系，日本将原来隶属于多个省厅的大学和研究所调整为独立法人机构，从而赋予大学和科研单位更大的行政权力。

最后，鼓励东京大学、筑波大学与企业开展产学研合作。以东京大学为例，2011 年东京大学与民间机构（主要是企业）开展的联合研究项目数有 1547 个，研究经费达 51.1 亿日元。通过"产学研"体系的协调运转，较好地发挥了各部门联合攻关的积极性，这对于提高该地区科技创新水平具有重要的作用和意义。

3．实行专业分工、错位发展的产业布局

从 20 世纪 60～70 年代经济高速发展时期，东京都开始实施"工业分散"战略，将一般制造业外迁。实施"工业分散"战略之后，机械电

器等工业逐渐从东京中心地区迁移至横滨市、川崎市等城市，进而形成和发展为京滨、京叶两大产业聚集带和聚集区。而东京中心城区则强化高端服务功能，重点布局高附加值、高成长性的服务性行业、奢侈品生产和出版印刷业。东京都产业布局从传统工业化时期的一般制造业、重化工业为主的产业格局，逐渐蜕变为以对外贸易、金融服务、精密机械、高新技术等高端产业为主，而石油、化工、钢铁等重化工业则全面退出东京[56]。东京从而成为日本国最大的金融、商业、管理、政治、文化中心，全日本 30%以上的银行总部、50%销售额超过 100 亿日元的大公司总部设在东京。

4. 重视经济圈基础设施环境建设

区域交通运输体系是都市圈高效运行的重要载体。东京经济圈内高密度的轨道交通网络使得人们能够很方便地从居住地到东京市中心，为创新人才以及创新资源的流动在空间上提供了极大的便利。其中，由地铁公司及多家私营铁路公司等所形成的城市轨道公共交通系统为东京形成半径 50 公里的密集城市化地区，并向半径 100 公里地区范围进行辐射提供了必不可少的支撑。除此之外，为了更新国立大学和研究机构的文化设施，以及解决研究经费问题，政府科研经费支出达到了欧美水平，并呈持续增长态势。日本大力发展科技，为创新提供强大的硬件支撑。

（四）法国巴黎创新圈

大巴黎区位于法国北部，由巴黎市和埃松、上塞纳、塞纳-马恩、塞纳-圣德尼、瓦尔德马恩、瓦尔德瓦兹和伊夫林等 7 省组成，是法国 22个行政大区之一，其被公认为法国"最具创新能力"地区之一，是世界创新之都。截至 2013 年，大巴黎区全区面积 12012 平方公里（北京，16410.54 平方公里），占全国总面积 1/50，总人口约为 1197.8 万人，占全国的 1/5，是法国人口最多的大区。2012 年，巴黎创新圈 GDP 为 6123 万欧元，约合 5.074 亿人民币（大约是北京 5 倍），人均 GDP 为 51250 万欧元，约合 42.47 万人民币，无疑成为法国乃至欧洲生产总值最丰富的地区。同时，巴黎创新圈也是法国科技资源最为丰富的地区，这里集聚了法兰西学院、巴黎大学等全国 2/3 以上的高校科研中心及众多创新性中小企业。据不完全统计，巴黎创新圈近 70 万家中小企业，其中不乏跨国公司、知名企业，如空中客车、阿尔卡特、法国电信、香奈儿等，近一半是从事尖端工业研发的创新型企业。全球 500 强企业中有 19 家把总部设在巴黎大区，巴黎大区成为北京、东京之后的第三大 500 强企业的聚集区，超过了伦敦、纽约。

值得一提的是，法国大巴黎区创新圈最突出的特点是建立了多中心齐头并进的城市群发展模式。其成功做法如下。

1. 组建跨城市创新联盟，提升区域创新协作能力

巴黎构建了政府主导的规模小而散的"市镇联合体"创新协调机构，并以法律形式确定了该机构的法律地位和社会职责，有效促进了一体化协调发展[57]。这主要得益于法国 1982 年开始的地方分权改革，将触角深入市镇联合体中，制定或修改多项鼓励市镇间联合的法律，并赋予联合体一定的事权和财权，深刻改变了市镇关系。

2. 科学合理的城市群空间布局有效提升城市群创新力

巴黎城市群科技创新中心形成了以郊区卫星城镇为主的城市群科技创新产业布局，并以各城镇优势产业为基础形成了城市群分工协作体系。在巴黎南部拥有众多高等院校和研究机构，而企业创新活动则主要集中于巴黎市区的中西部、西部近郊，其次是西南近郊、东北郊以及西北郊新城。

3．以"竞争力集聚"为依托，提升区域科技创新水平

"竞争力集群"是指在特定的地理范围内，一些企业、公司或私营研究机构以合作伙伴的形式联合起来，相互协同，共同开发以创新为特点的项目。这种合作一般以共同的市场或科技研究领域为基础，寻求优势互补，提高竞争力。其具体实施途径是，选择有潜在竞争力和培育前景的地区，围绕创新项目，帮助企业、培训中心和研究机构建立合作关系。目前，巴黎创新圈总共有7个竞争力集群，产业领域包括汽车制造、航空航天、印刷、电子、药学、农产食品加工等。其中，巴黎大区汽车竞争力集群共有343个成员，其中包括71个大型企业，184个中小型企业，52个研究所（实验室），21个高等院校等。

4．依托大区创新中心构建创新生态系统

为了让这些数量庞大的创新型企业更好地进行创新，推动区域产业和经济的持续发展，巴黎大区政府依托大区创新中心（The Paris Region Innovation Centre），将区域内的大学、科研中心、大型集团和中小型工业企业有机地捏合在一起，形成有效互补的创新生态系统，并以创新项目作为抓手，运用资金纽带，促进生态系统中的各个环节"发生联系"，共同致力于创新的实施。巴黎大区创新中心在2009年初设立，现有55名工作人员，其核心工作是帮助中小企业"在正确的时间找到对的人"——合适的合作资金和伙伴。具体任务是：促进和支持创新项目、组织创新人员构建网络以及实施新的创新公共补助。巴黎大区创新中心所选择的实验室或中小企业项目，可从巴黎大区和法国创新署处得到财政资助。

（五）英国伦敦都市圈

伦敦都市圈是产业革命后英国主要的生产基地和经济核心区，它以

伦敦—利物浦为轴线，包括了伦敦、伯明翰、谢菲尔德、曼彻斯特、利物浦等大城市和众多中小城镇，占地面积约 4.5 万平方公里，占全国总面积的 18.4%，人口 3650 万，经济总量占英国全国的 80%左右。目前，伦敦集中了英国 1/3 的高等院校和科研机构，同时还有大量的思想库和科研院所，每年高校毕业生约占全国的 40%。2014 年发布的 QS 世界大学排名（QS World University Rankings）显示，伦敦是世界顶级大学数量最多的城市，有多所大学跻身全球 100 强，如帝国理工学院（Imperial College London）排名上升，与剑桥大学（University of Cambridge）并列第二位，伦敦大学学院（University College London）与牛津大学（University of Oxford）并列第五。此外，《全球城市竞争力报告（2011～2012）》中，伦敦位列欧洲首位、全球第二，显示了其强劲的综合实力。在伦敦都市圈发展过程中，具备协同创新和产业升级两大支撑力，其成功经验如下。

1. 制定相应激励政策，鼓励中小企业创新

伦敦将培育中小企业的创新能力作为技术创新体系建设的核心。为鼓励中小企业技术创新，伦敦政府制定出了一系列的优惠政策。

首先，伦敦政府特意开展以小企业为目标群体的创新支持服务，包括帮助小企业确定创新机遇；贯通资源与知识的获取渠道；鼓励研究机构和企业，以及企业之间的合作创新与技术转移，降低风险。

其次，《伦敦创新战略与行动计划（2003～2006）》中提出，如果小企业技术进行创新可行性研究，政府可提供 75%的资助，如果是新产品或新工艺定型前的研究开发，政府可提供 30%的资助，并为有志于创新的小企业推出"小企业贷款保证计划"和"小企业培训贷款计划"，为缺乏抵押资产的小公司提供担保。

再次，伦敦政府为中小企业提供创新人力资源。伦敦政府将组织富有中小企业创新经验，尤其是富有开发新产品、新工艺和新服务指导经验的个人，构建"知识天使"网络。他们将用创新产品、创新工艺和创新服务的理念，对个人和中小企业提供技术起步支持，包括咨询与指导。

2．大力发展文化创意产业，推动区域协同创新

为推进中小文化创意企业的创新活动，伦敦采取了多种鼓励措施[58, 59]：

一是政府设立创意基金，为中小企业提供技术和资金支持，并对创意产业从业人员进行技能培训，给予企业财政支持、知识产权保护、文化出口鼓励等措施来促进伦敦文化创意产业的发展。

二是积极发挥"第三部门"的作用，推动文化创意产业发展。"第三部门"主要由伦敦市发展局、英国当代艺术中心、Somethin' Else 公司、国王学院等机构组成。"第三部门"主要通过建立学校—研究所—企业之间的有效创新平台和运行机制来加强区域创新体系建设。

三是积极营造创新文化氛围，培养市民的创新理念与灵感。通过教育培训推介支持公民的创意生活，不仅给广大市民提供接触文化创新的机会，而且也为文化创意产业的发展提供良好的外部环境。同时，伦敦市积极开展各类民间的国际合作与交流，通过加强与其他国家在文化领域的交流与合作，促进相互间的进步，实现全民创新理念的普及与传播。

3．实行分工清晰的产业布局，推进产业协同发展

伦敦都市圈实行分工清晰的产业布局。伦敦都市圈在空间结构上可以按照四个圈层来划分：中心区域称为内伦敦，包括伦敦金融城及内城区的 12 个区；第二个层次为伦敦市，也称为大伦敦地区，包括内伦敦和外伦敦的 20 个市辖区；第三圈层为伦敦大都市区，包括伦敦市及附近区的 11 个郡，属于伦敦都市圈的内圈；最终的区域划分为伦敦都市圈，即包括上述相邻大都市在内的大都市圈，属于伦敦都市圈的外圈。其中，伦敦城和其他 32 个行政区共同组成的大伦敦是这个都市圈的核心。

从外伦敦、内伦敦以及整个英国的产业结构看，内伦敦是科研、技术服务最发达的地区，是研发人员聚集最多的区域。外伦敦以及全英国境内从业人员最多的行业是物流，表现出伦敦以科技创新引领地区经济增长以及国际化大都市发挥的人才聚集效应。这种产业布局使得伦敦都市圈形成了多中心的网络型格局，也就是在核心城市外形成多个副中心与发展轴线，从而引导了人口和产业的合理集聚，为都市圈经济注入了新活力。

4．大力发展风险资本，为区域协同创新提供资金支持

发达的风险资本是伦敦都市圈新创企业成长的营养源，为都市圈内科技成果的转化、技术创新的实现及新经济增长点的培育都发挥了不可替代的作用。2014 年，伦敦风险资本融资总额达到 14 亿美元，是 2013 年的 2 倍。而全英科技公司融资总额达 21 亿美元，伦敦科技公司就占了其中 65%。同时，伦敦已经吸引众多大型风投公司的资金，包括 Index Ventures（已投资 5.43 亿美元）、Balderton Capital（3.05 亿美元）、DN Capital（2 亿美元）、Google Ventures 与 Santander（各自 1 亿美元）。由谷歌前欧洲总裁 Dan Cobley 创建的 Brighbridge Capital 也将在伦敦投资 8400 万美元，London Co-Investment Fund 投资 4100 万美元，Seedcamp 投资 3000 万美元。

（六）欧盟创新共同体

欧盟是世界研发创新体系的重要组成部分，但是长期以来，也存在着产学研分离、研发创新体系碎片化等问题，特别是创新创业文化的缺失，导致研发成果转化和社会就业能力不足。在这一背景下，欧盟于 2008 年 3 月创立了欧洲创新与技术研究院（European Institute of Innovation and Technology，EIT），旨在通过整合世界一流的高等院校和科研机构开展深度高效的创新活动，培育科技创新与创业领军人才，从而推动欧洲整体协同创新能力的提升。

知识和创新共同体（KIC）是 EIT 运作的核心。从本质上来说，知识与创新共同体是由高等教育机构、科研院所、创新型企业等具有高度一致目标的组织机构共同组成的利益共同体。它通过贯彻协同合作的理念，对知识三角的 3 个要素即高等教育、科学研究和产业创新进行有效整合，从而构建起协同创新网络，加速知识在区域中的自由流动，推动技术创新以提升应对社会关键问题的能力，实现经济社会的可持续发展和创新能力的提升[60]。经过多年发展，"KIC"模式已成为欧盟构建区域创新体系的重要手段。其成功经验如下。

1. 重视"知识三角"互动，深化产学研合作

欧盟在组建知识创新共同体的过程中，非常重视"知识三角"互动发展。政府充分发挥开放式创新在创新要素汇聚方面的重要作用，全面整合知识三角，包括高校、科学研究机构和产业界，开展知识的跨学科、跨组织联合开发，以此强化知识生产组织之间的网络联系，促进资源共享，为产业部门赢得技术创新先机[61]。如在项目实施过程中，KIC 根据项目需要，与包括 90 多个欧洲区域的政府和区域组织、企业和私有组织，开展广泛领域的合作研究与创新，研发领域包括：新能源与可再生能源、智能型城市、绿色交通、节能环保、应对气候变化等全球性挑战问题。

2. 深化高等教育改革，着重培养复合型创新人才

知识和创新共同体的重要职能之一就是通过创业教育培养新一代具有创新技能和创业精神的复合型创新人才。欧洲创新与技术研究院鼓励大学改革研究生教育体系，将科学研究、企业管理以及多学科技能有机整合，开设专门培养创业人才的硕士和博士培养项目。人才培养的主要原则包括：在专业技术教育中整合标准化的创业教育；在教育计划中强调广泛的利益相关者参与度；强调创新创业实践；通过有针对性的教育活动来培养创业人才。同时，欧洲创新与技术研究院针对创造性、创新性和创业性设立质量认定标准，以此来保证创业培训项目质量。

3．强调企业家精神，积极鼓励商业创新

与硅谷创新圈一样，欧盟创新共同体建设十分强调企业家精神。欧盟重点从技术、市场、人力资源和资金四个方面入手，探索"思维创业快速通道"模式，鼓励创业人员将新技术和新创意变为商业机会，以此强化欧洲的创新创业文化意识，建立创新人才驱动的社会文化氛围，推动创新型社会的形成[62]。首先，在技术支撑层面，研究所和企业负责考察产品（或创意）的完整性、成熟性和市场竞争性，根据其特点为创业人员提供相关服务，以进一步完善产品的技术性能。其次，在市场开拓层面，由大学和企业合作伙伴重点考察产品的市场定位、目标消费群、商业运作模式及进入市场的策略和途径等，使技术（或创意）成为一个完善、成熟的商业运作项目。其次，在人力资源层面，KIC合作伙伴就项目各个发展阶段的内部和外部人力资源管理提供服务，其项目在人力资源管理方面的实力得到加强。最后，在资金支持层面，KIC的创业合作网络有多方面投资渠道和风险资本投资者，可以为创业人员提供资金支持。

三、思考与启示

美国硅谷创新圈、美国纽约都市圈、日本东京经济圈、法国巴黎创新圈、英国伦敦都市圈、欧盟创新共同体的构建与发展表明，地理空间上的邻近性、资源禀赋要素的同质性和互补性、创新资源的集聚性等是创新共同体形成的基本条件。结合创新共同体概念内涵和国外以上区域

的构建经验及京津冀地区发展实际，本书认为京津冀创新共同体构建需要重点关注以下几个问题。

（一）充分发挥政府与市场的合力互动

借鉴国外创新共同体的发展实践可知，政府导控的外驱力和企业的内驱力是两大核心动力。因此，京津冀创新共同体建设过程中，要加强京津冀区域三地政府的交流与协作，相关政府组织要给予更多的重视与引导，并从中协调各方面的利益和实现资源共享。利用行政手段协同市场管理的方法，逐步去除行政壁垒的阻碍，进而促进京津冀区域的协同发展。此外，还要重视企业创新能力建设。积极鼓励高校、科研机构跨区域设立企业研发机构、企业技术中心等，推动企业通过跨区域项目合作，有效利用区域高校、科研机构等创新资源，实现创新资源的有效配置。营造以利于科技型企业创新发展的市场环境，如加强知识产权保护力度、鼓励企业家精神、提高社会多元文化包容能力等。

（二）强化创新共同体人才与智力保障

国外创新共同体发展过程中十分强调创新人才的培养，人才是创新共同体的重要保障。如欧盟创新共同体鼓励大学改革研究生教育体系，将科学研究、企业管理以及多学科技能有机整合，开设专门培养创业人才的硕士和博士培养项目。同时，在专业技术教育中整合标准化的创业教育；在教育计划中强调广泛的利益相关者参与度；强调创新创业实践；通过有针对性的教育活动来培养创业人才。因此，京津冀创新共同体建设过程中，要重视创新人才的培养。实施京津冀人才圈构建工程，促进科技人才联合培养与合作交流。充分利用"千人计划""创新型人才推进计划"等重大人才工程，推动人才合作与交流，吸引和培养一批高端创新人才。推动三省市加强科学技术普及和创新文化建设，为培育大规模中等层次科技创新人才和青年科技人才形成丰沃土壤。持续实施 2011 计划，支持三省市高校协同创新，提升区域学科、人才、科研三位一体创新能力，聚集培养一批高素质创新型科技人才。

（三）加快区域间协同创新的能力建设

国外创新共同体的发展实践显示，创新共同体已成为科研机构与高素质人力资源集聚之地，协同创新能力越来越成为体现创新共同体竞争力的主要内容。以纽约都市圈为例，政府成立纽约城市群创新特别区，重点协调都市圈创新活动，协调范围随着创新管理目标的变化进行调整，最小的仅由两个城市联合，最大的则包括了整个城市群的联合，以提升各区域创新管理与协作水平。因此，京津冀发展过程中应该重点提升区域间协同创新能力。

首先，明确京津冀三地创新发展重点与方向。北京重点提升原始创新和技术服务能力，打造技术创新总部聚集地、科技成果交易核心区和全球高端创新中心及创新型人才聚集中心；天津重点提高应用研究与工程化技术研发转化能力，打造产业创新中心、高水平现代化制造业研发转化基地和科技型中小企业创新创业示范区；河北重点强化科技创新成果应用和示范推广能力，建设科技成果孵化转化中心、重点产业技术研发基地、现代农业技术应用基地和科技支撑产业结构调整与转型升级试验区。

其次，推进科技创新领域体制机制改革，完善区域协同创新机制。打破区域行政界限和管理机制条块分割，充分发挥市场配置资源的决定性作用，促进京津冀地区有利于协同创新的各种政策机制、资源成果、人才团队等有效整合对接，坚持政府引导与市场主导并重，逐步形成京津冀区域内创新要素科学、有效、顺畅的配置格局。

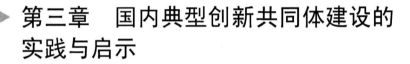

第三章　国内典型创新共同体建设的
实践与启示

一、国内创新共同体的提出与发展

随着我国区域经济一体化的迅速发展及城市连绵带的形成，创新主体的跨省区创新联系迅速拓展、科技资源区际流动日益频繁、区域间科技合作日益密切，具有较强内在经济联系的邻近区域在创新互动与科技紧密合作的基础上，积极培育和发展跨省市区的区域创新协作网络，共同推动区域创新发展的大联合、大协作，以完善跨行政区的区域创新体系，打造区域创新共同体。尤其是近年来，国家从区域协调发展的全局出发，根据不同地区的自然环境、资源禀赋、产业基础、发展阶段、社会环境等因素，进一步明确了各区域的主体功能定位和发展目标与重点等，同时从优化创新资源配置、提高资源配置效率出发，围绕科技创新资源区域配置的体制机制进行了积极探索，创新资源区域配置特征日益显著。

目前，我国创新资源空间分布相对集聚，已逐渐形成若干个"创新共同体"。在我国东部沿海地区形成了以京津冀、长三角、泛珠三角三大都市圈为核心的创新共同体，中部地区形成了以长株潭为核心的协同创新区，西部地区形成了以关中、成渝等为核心的若干科技密集区。珠三角、长三角、京津冀、长株潭、关中和成渝6个地区，科技人员占全国的60%以上，科技支出占全国科技总支出的70%以上；珠三角、长三角、京津冀、长株潭、关中和成渝的专利授权量、科技论文数和技术市场成交额分别占全国的70%、80%和60%以上，成为我国具有较强创新能力的"创新共同体"典型代表。

二、国内创新共同体典型案例分析

（一）深港创新圈

深港两地具有地理空间的邻近性、要素禀赋资源的互补性及社会文化的同质性，两地间的合作具有较好的历史基础[63]。进入 21 世纪以来，伴随着经济全球化的加速，特别是亚洲金融危机的影响，深港两地社会经济发展均面临外部环境的挑战，以加强双边合作和科技创新驱动新一轮经济增长，共同应对危机成为两地政府的共识。由此，深港创新圈的概念应运而生。从地理空间看，深港创新圈的范围边界是以深圳皇岗口岸为圆心、1 小时车程为半径的区域，并以深圳和香港为创新中心城市，以 2 小时车程为半径辐射珠三角地区。2007 年 5 月 21 日，香港特别行政区政府与深圳市人民政府在香港正式签订《深港创新圈合作协议》，标志着深港双方启动深港创新圈的建设工作，深港的协同创新进入了更高层次。

深港两地在产业基础和科技资源等方面的互补性是促成深港创新圈形成的重要条件。深港创新圈是指深港两地政府与民间力量共同促成的，由两地城市创新系统、产业链以及创新资源互动、有机连接而形成的跨城市、高聚集、高密度的区域创新体系及产业聚集带[64, 65]。它以创新体系和产业聚集带发展为主要内容，终极目标是通过创新资源的整合和各自创新优势的发挥，共同建设统一的区域创新体系，提升长三角区域的整体竞争力。当前深港创新圈已经成为整个两地科技资源、形成产业链、提升深港地区和珠三角区域自主创新能力的重要"引擎"。

1. 建立协同联动的工作机制和组织体系

一是建立政府层面的督导机制（"1+3"工作制度）。双方在 CEPA 和粤港合作大框架下，建立了深港创新及协同创新（深港创新圈）督导会议工作机制（简称"协商督导"），统筹及督导两地在创新及协同创新上的工作安排，审议有关合作计划的进度。目前，双方已经共同召开了三次督导会议，从双方政府层面介入引导，有力地推动了双方创新及科技方面的合作。

二是建立协同自主的创新机制。深港双方从各自的科技研发资金中安排专项资金用于支持深港创新圈建设，主要用于资助深港创新圈创新环境的建设及科技研发活动，并实现了双方"共同评审、共同资助、共同验收、共同跟踪评估"，实现了深港合作历史上的重大制度创新。此外，双方政府共同出资建立"深港创新研发基金"，用于创新平台建设和资助两地企业合作开展创新研发等。

三是联合开展推进深港创新圈发展的重大研究。两地政府科技部门通过联合制度、联合确定承担单位开展深港创新圈战略规划研究，为深港创新圈中长期建设提供决策依据。成立珠三角创新战略研究院，开展针对深港创新圈在珠三角地区改革发展中的战略定位、发展方向及实现途径等课题，深入研究深港创新圈作为珠三角创新的引擎带动整体区域产业发展。主动开展专项提升行动，推进深港创新圈创新环境建设及深港两地合作研发活动。

四是建立联合招商的新的工作制度。深港两地政府积极利用深港地区完善的创新体系、良好的营商环境和雄厚的产业基础，双方联手在国际国内市场举办推介活动。如双方联合在以色列推介深港创新圈的合作优势、投资机遇和科技园区发展成果，在德国慕尼黑举办"香港与深圳：您在中国的科技业务伙伴"研讨会，在香港举办"科技创新，合作共赢——深港合作交流会"，引起了国际社会对"深港联手、创新发展"的广泛关注。2008 年 5 月 5 日，美国杜邦公司决定分别在香港科技园和深圳光明新区投资建设太阳能光伏电薄膜全球研发中心和生产基地。

2．联合共建公共服务平台

在深港两地政府的引导下，相继建立了深港产学研基地、深圳虚拟大学园、深港生产力基地、深港创新圈互动基地等公共服务平台，通过集聚一批区域内外知名的高校、科研机构和高技术企业等进行科技成果的研发、孵化和转化，推动两地协同创新和产业升级。如由香港科技大学和北京大学联合与深圳市政府共同出资在深圳高新区建立深港产学研基地，以高新技术成果转化和产业化为目标，以实验室和工程中心为支撑，以深港产学研基地产业发展中心为载体，建立了完善的创业孵化体系和强大的技术支撑平台，打造了一个高层次、综合性、开放式的官产学研资相结合的实体，推动了深圳市和更广泛区域的高新技术产业的可持续发展。具体做法如下。

依托高智囊库，打造完备创业孵化体系。为了更好地服务入园孵化的高科技企业和研发机构，深港产学研基地联络专业机构，建立完备的一站式、一条龙服务体系。一是高技术项目服务体系。为充分发掘和利用北京大学、香港科技大学的高科技成果资源，深港产学研基地为深圳和周边地区企业、投资机构与高校技术合作提供开放的窗口。二是人力资源服务体系。深港产学研基地为深圳高新技术产业发展提供高素质人才和两校优秀毕业生，为深港产学研项目提供人事代理服务。三是政府政策扶持服务体系。深港产学基地为入孵企业提供政策咨询、项目资助、申请政府的科研开发经费、科技贷款、贷款贴息、科技成果推广基金等一条龙服务。此外，还有投融资服务体系、财务顾问体系等。

创新投融资体系。深港产学研基地通过与创业投资同业公会单位共建风险投资渠道，确保孵化种子基金的投放，确保入孵企业与风险投资机构之间进行顺畅的联络与合作；通过与深圳市各商业银行、担保机构合作，建立深港产学研基地的融资担保体系，解决入孵企业的融资担保问题。此外，还专门发起设立了深港产学研科技发展有限公司、深港产学研创业投资有限公司两家创业投资公司，加大对在孵企业的资金支持。

整合内外资源，建设强大技术支撑平台。深港产学研基地引入北京大学、香港科技大学的若干国家重点实验室，引导实验室紧密结合市场开展应用研究，为深圳市高新技术产业化的可持续发展提供了强大的公共技术支撑和丰富的人力资源。为保持公共技术平台的长久运行，2008 年，深港产学研基地与各实验室制定和落实了 3 年发展规划，要求实验室主任对实验室的发展做到有计划、有目标、有保障，保证实验室科研能力的提高以及科研团队的稳定建设，确保实验室逐步进入良性发展。深港产学研基地还积极落实双百计划和深港产学研合作基金，大力支持实验室研发，完善造血功能，面向产业引入、建立新研发机构及项目，并积极培养博士后，促进深港企业、实验室培养、使用和吸引高层次专业技术人才。

发挥专业优势，创立了虚拟孵化与专业孵化相结合的崭新模式。1999 年，深港产学研基地在成立初期，即与深圳市招商局蛇口工业区合作，设立了北科创业孵化基地，并按照"不求所在，但求所孵"的原则，发挥专业优势，扩展孵化空间，与兄弟单位联合孵化，虚拟孵化的企业广泛分布在深圳市留学生创业园、深圳软件园、南山创业中心等多个孵化器中，起到了较好的效果。

发挥教育资源优势，多层次、多渠道培养创新人才。深港产学研基地还充分发挥北京大学和香港科技大学丰富优质的教育资源优势，以北京大学和香港科技大学深圳研修院为实体，根据地方经济社会发展的需要，推出多层次、多渠道的教育培训及人才培养项目，包括研究生教育、高级研修班、本科生教育、论坛讲座等。深港产学研基地同时为企业开办公共行政管理、工商管理、项目管理、人力资源管理等高级研修班，举办学术论坛和各类讲座，如深港产学研论坛、深圳北大企业家协会新年论坛、北京大学 MBA 及各类讲座等。

3．共同营造促进两地创新合作的环境

加强两地创新人才的交流和培养。双方合作建立统一的人才信息库，派公务员赴对方挂职，鼓励和支持香港各高校和香港职业训练局等来深圳开展在职学历、学位、专业资质证书培训和专业技能培训，鼓励香港高校招收深圳籍学生。建立绿色通道，为创新合作所需要的人员、物流、资金等创新要素的流动提供便利。

成立"深港科技社团联盟"并实施"深港全民科学素质交流与合作行动计划"，加强深港全民科学素质交流与合作技术。联盟以解决和服务两地科技界的诉求为目标，采取深港两地双理事会、双执委会的形式，联合开展重点活动，成为服务深港科技人才、活动、项目合作的平台。联盟发挥民间社团的独特优势，开展两地科技社团的广泛交流，通过联合举办科技经济高峰论坛，互派代表团考察学习，共同组织两地青少年科技创新活动和展览，开展两地科技专家参与的学会学术活动等形式，建立了广泛的群众基础和有效的联络通道。深港全民科学素质交流与合作行动计划由深圳市科学技术协会和香港资讯科技联会牵头，通过建立深港青少年科技教育联盟、深港大学生实习创业基地、深港海外智力服务联盟、深港工程师交流平台、深港资讯及通信科技奖联合专项以及与产业相关联的推广项目，如联合服务外包交易平台等，有序有效地推进深港两地的创新科技文化和素质提升建设。

（二）长三角协同创新

经过改革开放 30 年来的发展，长三角地区已成为我国经济最活跃、最具竞争力的区域，其科技综合实力、区域创新能力也位居全国前列[66]。但随着全球经济一体化的发展，特别是中国加入 WTO 后，作为中国经济火车头的长三角面临严峻的国际竞争，加强区域协同创新，提高自主创新能力，共建创新型区域，提升区域国际竞争力成为长三角两省一市的共识。2013 年 11 月两省一市共同签署《沪苏浙共同推进长三角区域创新体系建设协议书》，标志着区域协同创新进入实质性合作阶段。具体做法包括以下几个方面。

1．建立三地协同创新的组织协调机制

建立由两省一市主管领导组成的长三角区域创新体系建设联席会议制度，共同研究决定有关区域创新体系建设和协同创新的重大事项；共同设立相应的专项资金，引导、推动长三角创新体系建设；共同研究制定协同创新项目、科技资源共享、合作资金等管理办法。在国家科技部的指导协调下共同编制《长三角区域"十一五"科技发展规划》《长三角协同创新三年行动计划（2008～2010）》。从 2004 年起，两省一市共同设立长三角区域联合科技攻关计划，集中区域内的科研力量，重点攻克具有共同研究基础、长三角经济和社会急需发展的，具有重大突破性的关键技术，涉及环境保护、公共安全、社会事业等关乎民生的多个领域，一批联合科技攻关成果开始推广并示范应用。联合攻关计划的实施，极大地激发了区域科技创新的积极性，进一步密切了两省一市的协同创新，提高了区域科技创新能力。

2．强化区域协同创新的资金保障机制

设立由两省一市政府共同出资的长三角自主创新共同资金。建立区域性创业风险投资协作网，鼓励跨省区开展科技风险投资活动；建立高科技融资担保体系，鼓励政策性银行、保险公司和证券公司参与长三角创新创业投资，鼓励设立区域性的科技型中小企业信用担保机构。

3．推进科技基础设施资源的联网共享

三地共同建立"长三角大型科学仪器协作共用网""长三角科技文献资源共享服务平台"等公共科技基础设施。如开通了"长三角大型科学仪器设备远程共享与协作平台"，共同签署《长三角科技资源共享服务平台共建协议书》，形成"1+8"的科技资源共享服务平台框架体系。其中，"8"为"科学仪器共用""科技文献服务""科学数据共享""实验基础协作""专业技术服务""自然资源保障""计量检测服务系统""技术转移交易系统"8 个子系统，"1"为"资源共享平台门户"。

4．充分发挥中介机构在区域协同创新中的作用

2004 年，长三角两省一市组建"长三角科技中介服务战略联盟"，并先后组织了"科技民营企业苏北行""长三角高新技术项目合作洽谈会""大院名校浙江行""长三角科技创新创业大赛"等一系列活动，促进了长三角地区技术、资金和人才等要素资源的整合，推进了区域间的技术合作以及资金和技术的对接，加速了科技成果的转化。

5．积极探索破除人才开发一体化的制度性障碍

两省一市先后共同发表了《长三角人才开发一体化共同宣言》，签署《关于建立高层次人才智力共享机制的协议》等十个制度层面的合作协议，并将人才一体化工作纳入各级政府工作议事日程，共建长三角网上人才市场，共同开展长三角紧缺人才培训、资质和证书互认等合作。如上海市人事管理岗位资格证书可在无锡、杭州、宁波等城市实现通用；上海、南京、苏州、杭州、宁波、湖州 6 个城市联合开展物流、中高级口译、国际贸易单证、汽车营销等长三角紧缺人才培训，统一教材和考试标准，统一颁发"长三角紧缺人才培训证书"。行政壁垒和制度障碍的破除，跨区域合作开发政策的出台，加速了长三角地区间人才的流动，人才逐步得到更为合理的优化配置。

6．加强知识产权协作服务，维护产业发展环境

一是加强知识产权制度建设。2003 年，上海、江苏、浙江十六城市联合发表《长三角16城市加强知识产权保护倡议书》，建立"长三角知识产权工作联席会议"制度，并创建"长三角知识产权保护联盟"，联通专利技术交易网络，实现异地举报、案件转办和移交，开辟跨城市维权的快速通道。长三角地区27家知识产权局共同签署《长三角地区专利行政协作执法协议》，主要内容包括网上信息交流、区域案件移送、协助调查取证和重大案件协作办理等。

二是开展知识产权服务协作。组建长三角地区知识产权服务与专利交易协作网，共同开展为企事业科研立项的专利文献检索和分析、专利的侵权分析、专利情报信息库建设等服务；共建行业专利交易市场，盘活专利技术信息。长三角地区知识产权合作为区域产业发展和科技创新营造了良好的环境。

7. 加强区域科技政策对接与资质互认

研究制定相互认可的、由两省一市科技行政管理部门认定的有关科技资质，经两省一市科技部门认定的科技企业、产品、机构等资质，均予以互认，并享受本地同等优惠政策。开展联合认定长三角自主创新产品，制定技术创新产品目录，并推进其在长三角区域内政府采购、重大工程招标中优先购买。

（三）泛珠三角（9+2）创新圈

泛珠三角创新圈是由福建、江西、湖南、广东、广西、海南、四川、贵州、云南九省区和香港、澳门两个特别行政区构成的"9+2"范围所构成的一个高度复杂、开放的区域网络创新系统[67]。泛珠三角区域协同创新始于2003年，经过十多年的探索和实践，取得了明显成效。广东和香港两地政府制订实施了一系列协同创新计划，在产、学、研等各方面开展了广泛合作。如广州、顺德等地与香港科技园共建粤港金融科技园、粤港联合孵化器、粤港科技产业园、粤港创新中心等，培育了一批粤港高科技企业；香港大学与广州大学等两地高校共建一系列研发中心及联合实验室，在一些前沿领域的研究取得了突破；广西与海南联合开展关于环北部湾海洋生态保护与修复研究；广东和广西两省区通过加强与泛珠三角区域内高等院校和科研院所的合作，合力解决生物质能源产业方面的共性问题，顺利推进了一批国家科技支撑项目的实施。此外，通过双边合作，在两广星火产业带建设、南海海水养殖产业、农产品优质高效产业化、数字媒体开发等领域，大力推进多种形式的协同创新，有力推动了区域内特色产业集群的发展。总体上看，泛珠三角创新圈具有很强的互补性和强大的内在动力，促进了区域创新成果转化和产业结构优化升级，区域协同创新展现了广阔的前景。泛珠三角创新圈建设的主要做法和成功经验如下。

1. 建立灵活务实的组织和工作机制，为区域协同创新不断深化提供保障

建立泛珠三角区域协同创新联席会议制度。联席会议[68]是泛珠三角协同创新的最高议事和决策机构，按轮值主席和常设机构相结合，临时协调机构和固定联络机构相结合的原则进行组织。一般每年组织召开一次，由主办会议的所在省担任轮值主席。联席会议下设联席会议办公室，各方联络员为联席会议办公室成员。联席会议下设若干专责小组，主要职责是推进联席会议决定事项。专责小组属临时机构，项目结束自然解散。2004～2015 年，泛珠三角区域共举办十三次区域科技合作联席会议。参加会议的人员既包括科技管理部门代表，也有高新技术企业、科研院校等单位负责人。每次会议设定一个主题，对协同创新涉及的一些重大问题进行研讨。

建立泛珠三角区域中心城市科技咨询合作工作机制。成立泛珠三角区域中心城市科技咨询委员会，由省会及副省级城市科协主要领导及香港、澳门有关人员组成。该委员会围绕促进和推动区域科技咨询工作的合作与发展，加速科技成果转化，为科技创新和产业发展提供服务等方面开展工作，有效发挥了各地科协及科技工作者在区域协同创新中的作用。

建立与国家部委工作联系机制。积极争取相关国家部委的支持和指导。每次的协同创新联席会议，均邀请到科技部司局级以上领导出席并讲话，也积极争取其他国家部委在多方面给予支持，比如，2012 年 4 月，争取国家知识产权局支持，在广州设立了我国第一个国家级区域专利信息服务中心，主要服务于泛珠三角区域内九省（区）的各级政府机构、企事业单位及社会公众。

2. 制定具有前瞻性的总体规划，为区域协同创新不断深化指明方向

以《框架协议》为基础，签订了《泛珠三角区域科技创新合作"十一五"专项规划》和《泛珠三角区域"十二五"协同创新规划》，对区域协同创新进行了顶层设计。明确了协同创新的目标定位：强化协同发展创新模式，构建能够突破行政范围约束的技术创新资源网络，建立泛珠三角区域技术创新合作体制机制，研讨、交流和解决合作项目与重大专项，促进科技成果在区域内及时转化，实现区域间创新要素的自由流动，构建开放融合、布局合理、支撑有力的泛珠三角区域技术创新体系。围绕这一目标，重点推进"科技资源共享行动、合作组建科技组群（联盟）行动、联合创新科技行动、科技人才培养行动"等四大行动计划，并确定了合作共建网上技术市场和技术产权交易中心，联合建立区域技术标准检测公用中心，共同开展区域特色资源的开发和利用研究等 20 个重大专项。对每一个重大科技专项，逐一制订具体实施方案，并明确牵头承担任务的有关省区。

3. 推动科技资源开放和共享，实现科技资源效用最大化

近年来，泛珠三角各省区市围绕区域重点发展的基础研究和应用研究领域及高新技术产业集群，加强各类科技资源共建共享，提高了科技资源的管理和使用效益。

共享技术创新平台。泛珠三角区域积极推动国家级和省级重点实验室、工程技术研究中心、中试基地、大型公共仪器设备、技术标准检测评价机构相互开放。实施了"泛珠三角区域大型科学仪器协作共用网建设"，取得明显成效。广东、广西、福建、海南四省已签订《泛珠四省（区）大型科学仪器共享管理办法》，建立了区域大型科学仪器协作共享平台资源数据库，开发了区域共享平台资源应用服务信息系统，为区域科技创新提供良好的基础平台。

共建网上技术市场和技术产权交易中心。泛珠三角 9 省区的产权交易机构，以"自愿参加、市场主导、公平开放、互利共赢"为原则，在搭建统一的信息网络和服务平台、建立统一的信息披露标准、交易统计标准、加强联系人机制和项目推介等方面开展合作，着力打造集资本、技术、信息流动于一身的区域一体化产权交易服务平台。

共享人才资源。广东、广西、云南共同签署了《广东、广西、云南共享专家资源的协议》，在三省区内率先建立专家资源共享机制。推进科技人才共同培养，泛珠三角区域各省区互派中青年专家和科技管理人员到各方所属区域的相关部门学习、培训、挂职锻炼，联合开展国家协同创新、考察、交流与人才培养。合作实施人才培训培养计划，广东、香港等地以各种形式优惠为区域内其他省区培养科技、经济、管理与创业人才。

4．扎实推进技术创新和产业合作，实现优势互补、互利共赢

泛珠三角区域在协同创新过程中，通过双边或多边的联合科技行动，发挥各自优势，共同解决科技难题，推动高新技术产业发展。

开展重大项目联合攻关。从 2004 年开始，广东省科技厅和香港创新科技署共同开展关键领域项目联合攻关工作，并将这一工作机制扩展到泛珠三角其他省区。联合攻关主要围绕区域内高新技术产业、支柱产业、潜力产业等重点领域，以共性技术、实用技术科技攻关为切入点，鼓励和支持区域内高校、科研院所、企业联合承担国家重大科技项目，并围绕"泛珠三角"的特色资源和共性技术开展联合攻关。

共建区域性技术创新和产业发展联盟。 围绕泛珠三角区域内特色优势产业，以国家重点高校、科研院所为核心，联合共建区域性产学研技术创新联盟。建立区域产业协作和战略联盟，制定高新技术产业发展规划，实行优势互补的高新技术产业链发展战略，形成区域内各具特色、分工协作的发展格局。围绕区域内的重点、优势产业，组织引导区域内大企业实行强强联手，促成跨省区的企业战略联盟。

（四）关中—天水经济区协同创新

关中—天水经济区包括陕西省西安、铜川、宝鸡、咸阳、渭南、杨凌、商洛（部分区县）和甘肃省天水所辖行政区域。自 2009 年国家批准建设以来，该经济区经济社会发展取得显著成就，初步形成了西部发达的城市群和产业集聚带，成为支撑和带动西部地区加快发展的重要增长极。同时，其科技综合实力、区域创新能力也日益增强。关中—天水经济区跨区域协同创新的主要做法如下。

1．建立经济区内技术、人才、资金、信息等对等交流的协作机制

构建两省内的七市一区科技行政部门共同参加的区域科技合作联席会议制度。围绕区域科技合作中的重大问题，特别是体制机制创新、投融资体系建设、区域创新体系建设等共同关心的科技问题定期进行研讨，商定跨省区的重大合作事宜和项目，形成畅通的交流渠道。联合建立区域内专业技术协作组织，协调解决跨区域产业技术整合过程中所出现的各项技术、经济、财务和法律问题。鼓励专业技术协作组织参与科技合

作相关政策法规的起草，并充分发挥专业技术协作组织的作用，形成范围更广的产学研一体化的科技推广机制，使各种先进适用的技术知识迅速得到普及，形成技术、人才、资金、信息的畅通无阻。

2. 加快签订了关中—天水经济区科技合作协议

根据协议，陕甘两省将在共同推动区域科技创新体系和金融服务体系建设、共同推动区域技术转移和知识产权保护、建立科技资源和科技专家库的开放和共享机制、加强区域科技人员的培养和交流、共同组织申报和实施国家科技项目、共同推进区域产学研结合和战略联盟建立等六方面加强密切合作。按照达成的合作内容，双方将围绕区域优势产业合力整合两省优势科技资源，通过开展关键技术创新与系统集成，大力提升区域核心竞争力。此外，还重点推进航空航天、新材料、电子信息、先进制造、石油化工、现代农业等领域的新产品开发和成果转化。

3. 重视跨区域协同创新环境建设

一是政府积极出台经济发展规划，明确跨区域创新发展目标。《关中—天水经济区发展规划》指出，到2020年，经济区科技创新能力和综合科技实力居全国领先地位，科技进步对经济增长的贡献率大幅提升，并基本建成以西安为中心的统筹科技资源改革示范基地、新材料基地、新能源基地、先进制造业基地、现代农业高技术产业基地。

二是充分利用多种形式，广泛宣传科技合作的意义、内涵、任务、措施和激励政策等，为区域科技合作创造良好的舆论环境。以经济区内的七市一区轮流牵头，定期合作举办区域各类科技成果交易会、专业性成果展览会、洽谈会、信息发布会和国际性科技学术会议，促进科技成果在区域内的及时转化。

三是进一步完善中小企业科技创新融资服务。落实科技税收优惠政策，鼓励和监督企业加大技术开发投入，逐步成为技术开发投入主体；

并以优惠政策和多方筹资、社会融资等方式提高对高新技术产业和中小型科技企业创业投入。构建多层次科技金融支持体系，大力吸引金融和担保机构、企业财团来投资；积极组织各类中介机构为高新技术企业融资服务，加快高新技术企业和民营科技企业融资的步伐，拓宽科技投入渠道，激活民间资本投资科技事业。

4. 加快推进技术协同创新和产业合作

关中—天水经济区在协同创新过程中，主要通过跨区域经济合作进一步推进技术协同创新和产业合作，发挥各自优势，共同解决科技难题，推动高新技术产业发展。

一是加强重大科技项目联合攻关。自 2009 年关中—天水经济区组建以来，多次召开关中—天水经济区建设科技合作座谈会，推进关中—天水经济区科技合作与深化省属科研院所改革、科技人员创新创业、服务基层相结合，加快开展重大科技项目攻关，共同推动省属科研院所与地方经济合作发展。联合攻关主要围绕经济区内主导产业、高新技术产业、战略新兴产业等重点领域，以关键共性技术、实用技术科技攻关为切入点，鼓励和支持区域内高校、科研院所、企业联合承担国家重大科技项目，并围绕关中—天水经济区的特色资源和共性技术开展联合攻关。

二是强化区域技术创新基地建设。经济区在协同创新发展过程中，围绕区域内主导产业、高新技术产业、战略新兴产业，以国家重点高校、科研院所为核心，构建区域创新技术基地建设。依托高新技术开发区、经济技术开发区、高新技术产业基地、大学科技园区等，大力扶持科技创新型企业，积极承接国家重大科技项目，把各类园区建设成为高新技术研发聚集地、孵化基地和产业化基地。大力支持产业技术联盟，搭建公共服务、技术转移和知识产权交易平台，促进科技成果转化为现实生产力和区域核心竞争力。

5．建立人才引进和联合培养机制

坚持以人为本，构建开放式、多领域的技术人才培养、合作、交流平台。充分发挥区内尤其是西安高校科研院所学科优势，加快培养高新技术专业人才。加强与高校科研院所科技合作与交流，吸引和支持高校科研院所的人才参与到我市企业关键技术和重大技术的研究与开发。依托重大科技项目和合作项目，积极推进创新团队建设，以项目带动和培养人才。强化人才激励机制，营造鼓励人才干事业、支持人才干成事业、帮助人才干好事业的社会环境，形成有利于优秀人才脱颖而出的体制机制，最大限度地激发科技人员的创新激情和活力，提高创新效率。

6．加强实施专利战略和标准战略

建立经济区知识产权保护的联合制度，由区内政府的知识产权管理机构定期交换案例、动态、立法、工作计划、工作经验等信息，协调大案、要案的查处工作。完善区域内保护知识产权的执法协作关系，设立区域知识产权保护案件处理中心及热线电话。打破地方和部门保护，加大保护发展对经济增长有突破性重大带动作用的知识产权执法力度，切实保护创新者、研发者和攻关者的利益，特别是加大对侵权行为的打击力度。规范对"瓶颈性"和"先导性"高技术技术引进工作，鼓励在规范引进的基础上进行自主研究开发。支持自主知识产权的技术走向市场，占领市场份额，使知识产权工作为经济可持续发展作出贡献。

（五）成渝经济区协同创新

成渝经济区位于中国西南地区，包括重庆市 29 个区县与四川省 15 个市，区域面积 20.6 万平方公里，其是"西部大开发战略"与"长江开发战略"的结合区，是我国重要的人口、城镇、产业集聚区，是引领中国西部地区加快发展、提升内陆开放水平、增强国家综合实力的重要支撑，在我国经济社会发展中具有重要的战略地位。成渝经济区的一个显著特点是它拥有两个相对强势的发展极，即成都和重庆这两个超大城市。而这两个"核心"的合作与创新协同，正是成渝经济区建设和发展的关键[69]。

成渝经济区依托成都、重庆两大区域性中心城市的独特优势，重点建立以成都和重庆为双核的区域创新体系，形成了高效率地整合创新要素、配置创新资源的运作机制，促进了成渝经济区产业结构优化升级，打造了若干规模和水平居全国前列的先进制造和高技术产业集群。目前，成渝经济区已逐渐成为我国综合实力较强、创新能力突出的区域之一。《中国区域创新能力评价报告 2015》中，四川省创新能力居全国第 16 位、西部第 3 位，重庆市创新能力居全国第 8 位、西部地区第 1 位。成渝经济区跨区域协同创新的主要做法如下。

1. 依托"成渝直线经济联盟"，加快区域协同创新

"成渝直线经济联盟"是优质资源整合与突出研究特色的协作组织。2011 年，包括安岳县、璧山县、大足县、简阳市、乐至县、龙泉驿区、双桥区在内的成渝两地区县，成立了"成渝直线经济联盟"，并达成了《成渝直线经济联盟大足共识》，共同签署了《成渝直线经济联盟战略框架协议》。成渝直线经济联盟的有效合作思路和架构如下。

一是构建了以市场为主体的竞争规则。联盟内以全面扩大对内对外开放为切入点，切实改善投资环境，消除地方保护主义，建设一体化的区域市场环境，推进区域内企业的合理竞争与主动合作。同时，联盟各区县重点清理各类法规文件，逐步取消妨碍经济一体化的制度与政策规定，取消妨碍商品、要素自由流动的区域壁垒，制定统一的市场竞争规则。

二是建立了跨行政区的组织协调机构。借鉴国内外区域经济一体化组织的做法，按照紧密型合作的目标，积极搭建推动区域合作的公共服务平台。同时，在联盟各地自愿合作的基础之上，明确组织机构的职能和权限，并对各地政府的行为构成一定的约束。

三是强化基础设施建设的统筹与管理。首先，联盟内重点开展整体规划编制工作，各区县在战略规划中加大对联盟重大基础设施建设项目的支持，推进一批重大项目在联盟内实施。其次，加强联盟内各地基础设施建设的对接和资源共享，加快推进成渝经济区协同发展。

2．重视中小型科技企业发展，壮大区域协同创新主体

一是深化企业主导的产学研合作。支持企业与高等院校、科研机构、上下游企业、行业协会等共建研发平台和产业技术创新战略联盟，建设产业关键共性技术创新平台，合作开展核心技术、共性技术、关键技术研发和攻关，联合申报国家、省、市重大科技产业化项目。鼓励和促进高等学校、科研机构、检验机构与企业之间人员交流。

二是建立有效的风险投资机制，激发企业创新活力。建立风险投资的市场化运作机制，培育适宜中小科技企业成长的风险投资制度环境，从政策设计上认真解决企业创业资金问题。立足于调动民间资本的积极性，建立多元化风险投资体系，构筑"政府引导、市场运作、多元投资、以民为主"的新模式，启动民间个人投资，引导个人资金流向，同时大力培育机构投资者，引进外资。借鉴发达国家的经验，政府设立专门的民营科技企业担保基金，为民营科技企业提供贷款贴息和融资担保。拓宽风险资本退出渠道，推动有条件的科技企业发行企业股票、债券及上市筹集资金，或进入国际市场融资。充分发挥政策性转型资金的作用。作为政策性专项基金，科技企业技术创新基金充分体现政府对企业技术创新的支持和引导，有效地吸引地方政府、金融机构、风险投资机构和企业对科技型中小企业的投资，逐步建立起符合市场经济客观规律的新型投资机制，进一步整合科技投资资源，营造有利于科技型企业创新和发展的良好环境。

3．推进经济区一体化进程，整合区域创新资源

一是加快实现经济区的市场一体化。破除地方保护和地区封锁，突破行政区限制和体制障碍，建立健全区域一体化的市场体系，充分发挥市场配置科技创新资源的基础性作用。以重庆、成都产权交易机构为基础组建覆盖经济区的联合交易中心，建立联网对接、互联互通的技术交易和服务市场。

二是推进经济区科技创新一体化。建设区域大型科研协作网络，开展课题项目协作、仪器设备共用、信息资源共享。围绕区域重点产业，依托具有技术研发实力的企业、科研机构、高等院校，构建科技创新的公用平台，包括技术创新平台、基础研究平台、科技企业孵化平台、知识产权中介服务平台。

三是加快经济区金融一体化。金融作为经济发展的"血液"，通过调动资源、提供中介、便利交易，成为协同创新和产业化的重要支撑。首先，重点深化金融体制改革，加强地区间金融机构的联系与沟通。鼓励地方金融机构在经济区互设分支机构，扩展和创新业务，积极推动科技与金融的股权合作，提升金融服务水平，以资本的融通与流动来整合科技资源，激活创新要素。其次，大力支持民间资本投资。鼓励金融信托机构大胆探索创新，在民间风险投资、创业种子基金、担保基金、由银行提供担保的企业债券等方面有所突破，推出更多创新金融产品。

4．强化产学研合作，实现区域间优势互补

成渝经济区立足于整体推进和长远发展的全局，确立构建区域协同创新的目标和总体框架，共同研究制定区域性的科技发展思路和科技产业化政策，形成了整体化、系统化、协同化的区域创新优势。最为突出的是强化区域内科技研发和产学研合作。四川省和重庆市定期召开主要负责同志参加的高层联席会议，共同制定区域协同创新的规划和指导意见，加强对经济区科技创新的支持力度。同时，区域内各高等院校、科研院所、生产企业、服务机构以及地方政府以发展规划为指导，在研发主体之间形成密切合作的良性互动关系和协调运作机制，开展项目的科研协作、产品的共同开发和市场的共同分享，共同支持科研成果的市场化和产业化。

（六）长株潭协同创新区

长株潭城市群是以长沙、株洲、湘潭三市为依托，辐射周边岳阳、常德、益阳、衡阳、娄底五市的区域，总面积 9.68 万平方公里，人口4077 万。近些年来，湖南省利用建设长株潭国家自主创新示范区的契机，不断加强科技资源整合，着力探索长株潭城市群协同创新模式。经过多年发展，长株潭协同创新区取得了较为显著的成就，"自主创新长株潭现象"正在不断发光发亮，长株潭也已经成为长江经济带创新驱动发展的重要动力源。2010～2014 年，该区高新技术产业增加值年均增长 36% 以上，带动全省年均增速达到 33.6%，位居全国第一，成为引领中西部发展的重要高新技术产业基地。2014 年，示范区实现高新技术产业增加值占长沙、株洲、湘潭三市总量的 47.3%，占全省总量的 29.3%。此外，该地区世界级创新成果不断涌现，取得了世界运算速度最快的"天河二号"亿亿次超级计算机、世界大面积亩产最高的超级杂交稻、碳/碳复合刹车材料等多项世界和国内领先的科研成果。

长株潭城市群跨区域协同创新的主要做法如下。

1. 积极探索城市群协同创新机制，高效推动城市群协同创新

一是加快推进城市群协同推进机制和考核评估体系建设。近年来，长株潭城市群坚持以制度创新突破行政管理体制障碍，建立"省统筹、市建设、区域协同、部门协作"的工作机制，加强城与城、园与园、部门与部门之间的协同。此外，还积极转变传统"GDP"考核导向，推进动态评估考核体系，重点突出对示范区合作项目、交流互动、科技创新、创业孵化、国际化等方面的考核，增加对省相关部门、所在市地方政府支持示范区建设的考核，将考核结果纳入绩效考核。

二是建立长株潭区域联席会议制度。联席会议是长株潭协同创新的最高议事和决策机构，按轮值主席和常设机构相结合，临时协调机构和固定联络机构相结合的原则进行组织。一般每年组织召开一次，由主办会议的所在省担任轮值主席。依托湖南省长株潭试验区工委及管委会，长株潭成立相关机构，加快建立联席会议制度，进一步加强了区域间的政策合力。

三是共同加强知识产权保护，营造有利于创新创业的市场环境。长株潭高度重视知识产权密集区建设，三市签订了《共建知识产权示范城市群合作协议》，共同搭建了长株潭专利及知识产权中心等知识产权交易平台。目前，长株潭三市相继进入全国首批"国家知识产权示范城市"，截至 2014 年底，三市专利申请量和授权量分别为 174472 件和 102477 件，占全省的 58.92 %和 60.99%。

2．加快推进城市群一体化进程，构筑协同创新基础

2007 年，长株潭城市群获批两型社会综合配套改革试验区，长株潭城市群一体化各项指标都呈现上升趋势。一是长株潭加快坚持互联互通，推进交通一体化进程。域外交通方面，主要加快高速、高铁、机场、水运互联互通；域内交通方面，主要从城际铁路、城市干道、城市轨道交通、城市公交等四个层次加快互联互通。二是加快产业协同发展。长株潭依托各市优势，将先进制造业、高新技术产业、生产性服务业确定为该地区主导产业。同时，细分行业方面重视坚持融合与错位并重发展。如株洲重点发展电力机车和以硬质合金为重点的新材料。对装备制造、汽车零部件、食品加工、文化旅游、商贸物流等三市都有的产业，在融合过程中注意错位发展。三是加强服务共享。长株潭着力构建"交通同网、能源同体、电话同号、信息同享、金融同城、生态同建、污染同治"的服务共享新局面，构筑了长株潭城市群协同创新的基础。

3. 深化科技体制改革，激活城市群协同创新活力

长株潭重点在科技管理、科技成果转化、科研院所专制、科技与金融结合等方面强化体制机制创新，积极吸引社会民间资本参与创新创业，激活城市群协同创新活力。

一是深化科技管理体制改革。 长株潭城市群重点从财政科技资金整合力度与投入方式两方面入手，加快科技管理机制改革。首先，加大财政科技资金统筹使用力度，集中70%以上资金用于支持重点产业链重大科技攻关与成果转化。改革资金投入方式，设立了总规模2.5亿元的科技成果转化基金，探索建立了科技经费后补助制度。

二是建立科技成果转移转化的市场定价机制。 长株潭加快区域科技成果转移转化服务资源的整合，进一步推进科技成果与知识产权交易，探索建立科技成果市场定价机制，提高科技成果转移转化效率。

三是加快科研院所转制改革。 首先，深化科研院所转企改制。实施人事制度、分配制度、经营制度、管理体制、科研开发制度等五项改革，加快培育具有国际竞争力的高新技术企业。目前，长株潭72家科研院所已有39家转制为企业，近五年取得应用类科技成果3850项、转化成果2690项、制定国家标准150个，成为全省成果产出与转化的重要力量。其次，鼓励科技人员创业。积极探索科技人员在职离岗创办科技型企业、转化科技成果的政策，如对于离岗创业科技人员，在一定期限内保留人事关系，享有相关权利。

四是积极推进科技与金融融合。 首先，拓宽科技型企业融资渠道。推动互联网和科技金融产业融合，鼓励互联网金融企业开展业务创新，与金融机构、创业投资机构、产业投资基金深度合作，发起设立产业基金、并购基金、风险补偿基金等。其次，实施高新技术企业科技保险试点。长沙

高新区科技保险试点是全省首个科技保险示范点，长株潭在此基础上，进一步开展试点工作，鼓励保险机构不断创新和丰富科技保险产品。

4. 高度重视产学研合作，加快区域协同创新

近些年来，长株潭协同创新区高度重视区域内外产学研合作。

一是加快推动跨区域校企、院企科技合作。长株潭企业与省外的70多所高校和30多个科研院所开展了产学研合作，近两年累计开展跨区域校企、院企科技合作项目1000多项。三市产学研协同创新实现了"三个80%以上"，即80%以上的科技经费集中支持产学研结合，全社会研发投入的80%以上来自企业投入，80%的重大科研成果来源于协同创新。

二是开展重大科技联合攻关。省委、省政府出台了《关于促进产学研结合，增强自主创新能力的意见》，设立了1.3亿元的战略性新兴产业科技攻关与成果转化专项，重点支持长株潭城市群的产学研协同创新。积极承接国家重大专项成果在长株潭落地转化。以产学研合作形式组织实施省科技重大专项83个，研发出重点新产品642个，新增产值和利税分别达407亿元和52亿元。

三是组建跨区域战略联盟。支持长株潭的企业牵头组建了74个产业技术创新战略联盟，成员单位800余家，其中国家联盟试点5个。国家杂交水稻产业技术创新战略联盟整合成员资源，通过合作开发、联合推广，加快杂交水稻关键共性技术研发应用，2013年联盟牵头单位获得的"两系法杂交水稻技术研究与应用"成果获国家科技进步特等奖。

5. 积极推动城市群创新要素资源共享

创新要素资源共享是城市群创新协同发展的重要基础。长株潭城市群主要通过制定科技政策积极推动创新要素共享。

一是推进人才资源集聚共享。出台《长株潭区域人才发展规划》，实施了"科技领军人才培养计划""引进海外高层次人才百人计划"等，率

先实施两个"70%"、股权分红激励等政策，吸引、培育人才在长株潭创新创业。实施《长株潭三市高端紧缺人才柔性流动协议》，实现城市群智力资源的自由流动。目前，长株潭城市群拥有两院院士 53 名，国家"千人计划"专家 73 名，引进留学归国人员和海外专家 1000 多名，成为中西部地区科技创新人才洼地。

二是推动服务平台共建共享。长株潭三市现有国防科学技术大学、中南大学、湖南大学等高等院校 69 所，省级及以上科研机构 1000 余家。全省 80%的国家级和省级重点实验室、国家工程技术研究中心分布在长株潭三市。杂交水稻国家重点实验室、国家超级计算长沙中心、亚欧水资源研究和利用中心、中意设计创新湖南中心等重大平台对区域创新和产业服务成效显著。长沙科技成果转化交易会（简称科交会）成为湖南特别是长株潭地区的重大招商引智平台，七届科交会累计签订了各类科技合作项目 1735 项，签约金额达 1430 亿元。

三是引导资金集聚投入。以长沙高新区国家科技与金融结合试点带动，推动长株潭城市群科技与金融的大融合。目前，长株潭已设立了 11 只总规模达 28.8 亿元的新兴产业创投基金，探索推出了 9 大类 74 个创新型信贷产品和 14 个科技保险产品，有效引导了社会投资，支持了科技型中小企业发展。2013 年，长株潭城市群的研究与开发投入达 216 亿元，占全省 R&D 总量的 66%，占三市 GDP 的比重达到 2.05%。

三、启示与借鉴

京津冀是我国高校、科研机构、科技人才等科技资源最为集聚的地区，再加上京津冀地区两市一省具有自然环境的一体性、资源要素禀赋的互补性、产业结构的梯度差异性、基础设施的连贯性等特征，使它具有了鲜明而典型的创新系统的完整性，为跨区域创新共同体的构建提供了坚实的基础。结合创新共同体概念内涵和国内以上区域的构建经验及京津冀发展实际，本研究认为合理界定政府与市场在创新资源配置中的作用，促进创新要素一体化建设，加强区域科技创新制度和政策对接是京津冀创新共同体建设需要重点关注的几个问题。

（一）要合理界定政府与市场在区域创新资源配置中的功能与作用

成熟市场体系的理想状态应该是"强政府"与"强市场"兼有的"双强机制"，并且在"双强机制"下分别存在企业之间的良性竞争体系和政府之间的良性竞争体系。因此，在京津冀区域创新资源有效配置过程中，必须要进一步厘清市场与政府的边界，明晰市场和政府在推动区域协同创新中的功能定位，将市场和区域政府的资源配置功能协调起来。一方面，要最大限度地发挥市场配置创新资源的决定性作用，加快推进知识产权、市场准入、金融创新等改革，构建技术创新市场导向机制，营造公平竞争的良好市场环境；另一方面，也要更好地发挥政府作用，加快推进政府职能转变，进一步减少对市场的行政干预，建立和完善政府创新管理机制和政策支持体系，强化创新政策与相关政策的统筹协调，加快形成职责明晰、积极作为、协调有力、长效管用的创新治理体系。

在区域协同创新过程中，政府的"超前引领"作用十分关键，区域政府应充分发挥创新导向、调节和预警作用。但政府的职能应严格限定在"市场失灵"的方面，诸如三地共同技术市场的建设、区域协同创新政策体系构建、区域公共科技服务平台建设、重大科技基础条件平台建设等。这些软硬件基础设施和环境的建设，可以借鉴国内其他区域政府的做法，通过联合组建京津冀区域科技创新体系联席工作会议制度，成立京津冀创新共同体建设工作小组等，联合制定促进区域科技合作战略，联合实施区域重大合作项目计划，对在关键技术领域的重大项目进行共同资助、联合攻关。还可借鉴深港地区的经验，建立政府层面的督导工作机制，统筹及督导两地在创新及科技合作上的工作安排，审议有关合作计划的进度等。

与此同时，区域协同创新共同体的建设一定要以企业为主体，充分发挥市场配置资源的决定性作用。 企业是创新共同体所构成的系统的核心，是促进创新资源要素跨区域流动的关键。深港地区和长三角地区创新共同体的经验表明，以企业为核心，通过市场配置资源是创新共同体建设成功的关键要素。当前，京津冀区域企业的创新主体地位不突出，导致科技资源的市场化配置程度不高，区域科技创新活力不强。因此，要以市场为导向，推动企业跨地区、跨部门、跨所有制兼并、联合、重组，培育和发展一批有国际竞争力的大企业、大集团，激发企业的创新活力。鼓励高校、科研机构跨区域设立企业研发机构、企业技术中心等。要推动企业通过跨区域项目合作，共建跨区域研发基地和创新联盟等方式，有效利用区域高校、科研机构等创新资源，实现创新资源的有效配置。要积极营造有利于企业，尤其是科技型中小企业发展的政策环境和氛围，如可借鉴美国创新共同体的建设经验，由三地政府联合与区域内的技术研发企业签订企业研发与技术转移契约，在给予政策优惠的同时要求地方政府给予配套资金支持。

（二）充分发挥区域性行业协会及科技中介组织机构在区域协同创新中的作用

一是建立区域科技合作的组织协调机制。 在跨区域协同创新中，如何突破组织结构和管理制度是保障区域协同创新良性运行的关键。长期以来，行政区划阻隔效应是制约京津冀协同创新的首要关键因素。京津冀创新共同体的构建需要两市一省政府联合建立统一的组织协调机制。如建设京津冀区域科技创新体系联席工作会议制度，成立京津冀创新共同体建设工作小组，联合制定促进区域科技合作战略研究，联合实施区域重大合作项目计划，对在关键技术领域的重大项目进行共同资助、联合攻关。还可借鉴深港的经验，建立政府层面的督导工作机制，统筹及督导两地在创新及科技合作上的工作安排，审议有关合作计划的进度。

二是组建区域性行业协会及科技中介组织。中介机构承担着为技术创新提供辅助性服务支持，可以促进技术、知识、人才、信息、资金等创新资源要素在创新主体之间的流动[28]。要突破行政区划障碍，组成跨地区的行业联盟，共同制定区域行业发展规划、区域共同市场规则，按照市场化方式推动产学研合作。要建立京津冀科技中介服务战略联盟，通过一系列活动的组织，促进京津冀地区技术合作以及资金和技术的对接，加速科技成果的转化。建立跨区域技术交易市场，形成京津冀技术交易市场网络系统。

（三）积极推动三地创新要素一体化建设

创新过程中，技术、知识、人才、信息、资金等创新资源要素的有效流动与扩散是创新共同体构建的重要力量。京津冀科技创新资源丰富，但分布较为分散且地域间分布差异大，在一定程度上制约了三地的协同创新。因此，要加强三地在人才、资金、设备、信息等创新资源的交流与共享，建立统一开放的京津冀人才、科技、资本等要素市场。

一是在人才一体化方面，可通过建立统一的人才信息库，联合培养创新人才，共同开展人才的资质和证书互认等合作，推进高层次人才户籍互认制度建设等加强三地科技人才的流动与共享。此外，要以三地园区、基地或项目合作为载体，鼓励人才开展联合科研技术攻关、推广和应用等合作。

二是联合建立公共服务平台。组建区域科技创新共享公共服务平台。如借鉴深港两地的做法，依托北京的丰富的高校和科研机构优势，鼓励在天津和河北地区建立公共研发、孵化和转化平台，促进天津和河北的科技成果转化和产业化。联合建立科技基础设施资源开放与共享服务平台，加强三地大型科学仪器设备、科学文献、数据等方面的开放共享。借鉴深港产学研基地创业孵化体系的建设模式，成立京津冀科技创新联合服务中心，打通区域内政府、企业与科研机构的沟通渠道，搭建区域创新服务网络，在京津冀区域内专业提供委托研究、联合攻关、信息服务、技术检测、成果孵化等创新创业服务，推进区域范围内产学研资源的集成与互动。

三是在资金建设方面，可借鉴深港创新圈的经验，联合设立京津冀区域创新体系建设引导基金，研究共同出资支持三地企业和科研机构合作开展创新研发项目。可借鉴长三角的经验，建立京津冀区域风险创业投资协作网，鼓励跨省市开展科技风险投资活动。建立高科技融资担保体系，鼓励政策性银行、保险公司和证券公司参与京津冀创新创业投资。

（四）加强三地科技创新制度与政策的协同

创新要素的一体化需要制度和政策创新来保障。制度与政策创新是促进三地科技合作的主要推动力量。因此，加强三地科技协同创新，必须构建有效的合作制度框架。

一是要构建有效的合作制度框架。一方面，构建科技资源共建共享秩序。建立跨部门跨区域的科技资源与信息交流制度，科技资源开放共享制度。另一方面，完善科技合作的配套制度。如科技合作过程中的科技业务资质通认制度、技术规范、管理制度，科技人才居住证制度、区域社会保障制度，重大课题联合申报共同承担制度、科技合作成果奖励制度等。

二是加强三地科技政策的对接。可借鉴长三角的经验，研究制定相互认可的、由两省一市科技行政管理部门认定的有关科技资质，经两省一市科技部门认定的科技企业、产品、机构等资质，均予以互认，享受本地同等优惠政策。要推进三地的创新创业政策的地区普适化。在天津、河北等产业集聚区试行中关村、滨海新区等相关优惠政策，推动创新创业活动在京津冀地区全面展开。

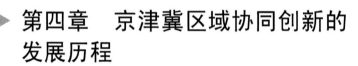

第四章　京津冀区域协同创新的
发展历程

京津冀处于环渤海地区的核心区，包括北京、天津两个直辖市和河北省的石家庄、秦皇岛、唐山、廊坊、保定、沧州、张家口、承德等 8 个地市，是中国城市分布最密集、创新资源最密集、产业基础最雄厚、综合实力最强的区域之一，在国家整个沿海经济布局中与长三角、珠三角处于同等重要位置，是带动我国经济发展的第三增长极，肩负着建设世界级科技创新中心、引领我国参与新一轮产业革命和科技竞争的重大历史使命。目前，京津冀协同发展已上升为国家重大战略，而要实现协同发展，出路只有一条，就是通过协同创新来开辟发展新道路，打造京津冀协同创新共同体，开创发展新局面。

一、打造京津冀协同创新共同体的背景及意义

（一）打造京津冀协同创新共同体的背景

从国际看，全球经济进入深度调整与再平衡的"新常态"，创新已经成为衡量一国竞争力的重要标志，构建协同创新共同体已经成为提升创新能力的重要手段；从国内看，京津冀协同发展上升为国家战略，推进京津冀协同发展的顶层设计和总体方针日益明确，这些都为打造京津冀协同创新共同体提供了前所未有的重大机遇。

1. 构建协同创新共同体已经成为各国提升创新实力的核心手段

在全球化和知识经济时代，创新已经成为衡量一国经济发展水平和国际竞争力的决定性因素。后金融危机时期，发达国家强调要突破行业、区域、国别界限，构建能最大限度地整合全国乃至全球资源的"创新共

同体", 以保持其科技创新的世界领先地位。如美国为了应对国际金融危机, 提出要着力打造一个能够将全国各个创新主体系统连接起来的"美国创新共同体", 并促使该体系全面承担起美国研发竞争力提升的主要任务; 欧盟为解决欧洲创新竞争力日益衰竭的问题, 组建了"欧洲创新工学院"(EIT), 首批启动了三个知识与创新共同体, 包括气候变化与创新共同体、可持续能源知识与创新共同体、未来信息技术知识与创新共同体, 提出要通过内生性发展、智能发展和可持续发展, 把欧盟建设成为世界上最具竞争力的知识型经济体; 日本则建立"国家战略特区", 通过放宽管制, 让强的领域更强, 试图促进日本经济的整体发展。这些战略的核心都在于集聚优势, 通过区域合作与创新资源的集聚为地区发展带来新的动力与活力。中国正处于"三期叠加"的新常态, 为解决我国创新整体水平不高的现实, 提出实施创新驱动发展战略, 积极推进京津冀协同创新共同体建设, 促进长江经济带创新发展, 推动区域一体化协同发展, 依靠创新打造形成创新高地, 拓展我国经济发展新空间。

2. 打造京津冀协同创新共同体是实施京津冀协同发展战略的重要抓手

2014 年 2 月, 京津冀协同发展上升为重大国家战略, 为京津冀城市圈迎来了发展的新纪元。2015 年 4 月,《京津冀协同发展规划纲要》审议通过, 指出推动京津冀协同发展的核心是有序疏解北京非首都功能, 要在京津冀交通一体化、生态环境保护、产业升级转移等重点领域率先取得突破, 这标志着京津冀协同发展的顶层设计基本完成, 推动实施这一战略的总体方针已经明确。2015 年 7 月, 北京市委表决通过了《关于贯彻〈京津冀协同发展规划纲要〉的意见》, 确定了北京贯彻协同发展国家战略的时间表和路线图, 提出以北京的优势产业和科技资源联合带动津冀地区创新发展, 依托技术、资本、市场等纽带, 构建京津冀协同创新共同体, 共同打造引领全国、辐射周边的创新发展战略高地, 提升区域发展整体水平。构建协同创新共同体, 实现京津冀协同发展, 是面向未来打造新的京津冀、推进区域发展体制机制创新的需要，是探索完善城市群布局和形态、为优化开发区域发展提供示范和样板的需要，是探索生态文明建设有效路径、促进人口经济资源环境相协调的需要，是实现京津冀优势互补、促进环渤海经济区发展、带动北方腹地发展的需要。

3. 京津冀地区拥有构建协同创新共同体的坚实基础

京津冀拥有构建创新共同体的先天优势，首先从区位和文化来说，京津冀地缘相接、人缘相亲、地域一体、文化一脉，历史渊源深厚，交往半径适宜，完全具备协同联动发展的基础和条件。从科技创新的要素和资源来说，京津冀地区汇聚了全国 1/4 以上的著名高校、1/3 的国家重点实验室和工程技术中心、2/3 以上的两院院士，拥有以中关村国家自主创新示范区为代表的 14 个国家高新区和经济技术开发区，是我国经济、文化和科技资源最为集中的区域，具有得天独厚的开展科技创新的基础。要贯彻落实京津冀协同发展的国家战略，就要打造京津冀协同创新共同体，通过三地协同创新来开辟发展新道路，开创发展新局面。

（二）打造京津冀协同创新共同体的意义

构建京津冀协同创新共同体对于解决京津冀发展的深层次矛盾和问题，提升区域整体创新能力，增强经济的内生发展动力，优化国家发展区域布局和社会生产力空间结构，培育新的经济增长极，形成新的经济发展方式，都具有重要的现实意义和深远的历史意义。

1. 优化京津冀创新资源配置，打造创新发展战略高地

京津冀协同发展从根本上要靠创新驱动，既包括科技创新，也包括体制机制、政策和市场等方面的创新。京津冀地区人才资源密集、创新要素丰富，是全国创新能力最强的地区之一，但也存在区域内创新分工格局尚未形成、创新资源共享不足、创新链与产业链对接融合不充分、区域创新合作机制尚未建立等问题。据统计，2014 年，北京市科研技术人员数为 34.32 万人，远高于天津和河北之和，是河北省的两倍多；技术市场输出合同金额为 3137.19 亿元，远高于天津 388.56 亿元和河北省 29.22 亿元。整个京津冀区域内创新要素呈现"大集聚、小分散"分布特征，区域创新的联系和协作程度较低，这也在一定程度上造成创新资源投入结构雷同，产出效率不一，资源浪费现象严重。长期以来京津冀地区在资源配置、要素流动等方面存在行政壁垒，导致京津冀地区间协同规划、协同发展、协同创新等体制机制存在多方面障碍。构建创新共同体是促进创新资源流通和协同创新的有效途径，也是促进知识流动和技术扩散的重要途径和必然趋势。通过构建京津冀创新共同体，能够促进创新资源合理配置、开放共享、高效利用，弥合发展差距、贯通产业链条、重组区域资源，共同打造引领全国、辐射周边的创新发展战略高地。

2．延伸京津冀产业链条，促进区域内产业深度协作

北京作为全国的首都，具有技术、人才、信息等优势，以信息服务、商务服务等为主的现代服务业发达，2014 年全市第三产业增加值占 GDP 的比重达 77.9%。天津作为我国北方重要的工业城市和港口城市，以航空航天、电子信息等为主的现代制造业基础雄厚，2014 年全市工业增加值占 GDP 的比重达 49.39%。河北省依靠自身在原材料方面的优势，传统重工业基础较好，2014 年全省工业增加值占 GDP 的比重为 45.31%。受计划经济和行政区划分割的影响，京津冀产业结构各自相对封闭，跨省市产业内在合作较少，产业同构现象较为严重，难以形成互补的产业深度协作。但是三地在产业发展上的梯度落差形成了区域内部产业协同发展的基础，通过构建京津冀协同创新共同体，在开展区域创新合作中打造研发创新—加工制造—配套服务的完整化价值链条，促进京津向河北省辐射、扩散资金、技术和人才要素，壮大河北制造业生产的能力和水平，使河北成为承接京津科技成果转化的基地。通过京津冀的协同科技研发与创新，推动整个区域电子信息、汽车及装备制造、医药等产业科技水平的提高，壮大这些产业的国际竞争力，将区域制造业高端产品推向全国和世界市场，提高京津冀参与世界产业竞争的能力。

3．增强京津冀吸附力和承载力，加快构建开放型经济体

创新共同体已经成为参与国际经济竞争与合作的重要单元，在全球经济一体化进程中发挥着重要作用。打造京津冀协同创新共同体，推进协同创新与联动发展，有利于增强区域的吸附力、承载力和辐射力，抢占全球创新链、产业链、供应链、价值链高端，是我国参与全球科技创新、构建开放型经济体系的重要战略支点。2014年，京津冀地区科技研发经费支出达2046.57亿元，占全国的15.72%，科技创新成果丰硕。新形势下，京津冀地区肩负着我国参与全球竞争和率先实现现代化的重任，是建设各具特色和优势互补的区域创新体系、引领实现创新驱动发展的重要承载地，在建设创新型国家的整体进程中扮演着举足轻重的角色。建设京津冀协同创新共同体可以充分发挥京津冀经济圈的科技资源优势，通过科技协同带动提升区域整体协同创新效能，增强京津冀地区的整体吸附力和承载力，推动京津冀面向全国乃至全球集聚资源，提高其在全球经济格局中的地位。

4．加快京津冀区域一体化，辐射带动周边经济发展

京津冀地区是我国经济最具活力、开放程度最高、创新能力最强、吸纳人口最多的地区之一，是我国优化开发的三大经济圈之一，也是拉动我国经济发展的重要引擎。改革开放以来，京津冀先后签订了廊坊共识、北京倡议等协议，多方面的交流合作日益密切。但与长三角、珠三角相比，京津冀一体化的步子还不够快，区域发展的整体优势还没有充

分发挥出来。通过打造京津冀协同创新共同体，推进京津冀协同联动发展，有利于整合区域优势资源，形成比较完善的城市群格局，加快实现京津冀一体化；通过构建京津冀协同创新共同体，坚持创新驱动发展战略，联合攻关一批关键重大技术，有助于逐步推进京津冀交通一体化、生态一体化以及产业一体化；通过构建京津冀协同创新共同体，有利于探索区域创新发展新模式，打造区域发展新引擎，增强对环渤海地区和北方腹地的辐射带动能力，促进东中西互动和南北协调。

5. 实现京津冀区域内合作创新，提升经济发展的内生动力

京津冀科技合作有多年的历史，也在项目、产业、人才交流等许多重要领域开展了很多卓有成效的科技合作，多项合作协议的签署，也明确了科技成果转化、科技创新人才流动、知识产权保护以及产学研创新联盟等一系列科技合作任务，有效保障了区域科技创新合作活动进行，积累了区域科技创新合作的良好经验。但是，当前京津冀都面临着共同的区域性挑战，由于要素高度集聚，城市人口过度膨胀，大城市病凸显，交通拥堵、水资源短缺、房地产价格居高不下、雾霾等大气污染等问题已明显制约着京津冀的持续健康发展。因此，以京津冀三地间的科技创新协同发展为突破口，构建京津冀协同创新共同体，推动区域发展体制机制创新，不仅顺应了京津冀地区更高质量发展的迫切需求，促进空间发展格局优化，更有助于实现京津冀优势互补、促进产业人口与资源环境协调、提高城镇化质量和水平，释放空间效应，形成京津冀地区新的投资热点和示范，为宏观经济社会发展注入新的动力。

6. 发挥创新共同体样板示范作用，带动更多区域破解发展掣肘

京津冀协同创新共同体作为中国第一个创新共同体，对于促进区域协同创新，带动地方经济增长发挥着至关重要的作用。通过构建京津冀协同创新共同体，有助于提高区域自主创新能力，形成创新驱动发展战

略格局,将京津冀地区建设成为我国经济社会发展的创新中枢、创新型国家建设的先导区、国家知识创新核心区、产业技术创新示范区。京津冀协同创新共同体的成功建立能够对全国形成样板示范作用,带动更多区域建立创新共同体,以化解地方经济发展过程中面临的创新积极性不高、产业协同不充分、环境污染严重等掣肘问题。

二、京津冀协同创新的发展历程

京津冀地理毗邻、经济文化融合互补,具有悠久的合作历史(表 4-1)。改革开放以来的京津冀三地合作与规划工作始自 1981 年的"环京津经济协作区"的建立,此后历经 20 世纪 80 年代的京津唐国土规划、20 世纪 90 年代的"大北京规划"和 21 世纪以来的"廊坊共识""京津冀都市圈区域规划"等系列持续性的工作,都在持续稳步地推进京津冀协同合作创新的步伐。

表 4-1 京津冀地区合作的历程(1981～2015 年)

年代	时间	名称	主要内容
20 世纪 80 年代	1981 年	环京津经济协作区	包括北京、保定、张家口、承德、廊坊、唐山、秦皇岛等 在燕南、燕北经济协作区的基础上,建立了"环京津经济协作区"。协作区最高决策机构是市长、专家联席会
20 世纪 80 年代	1982～1984 年	京津唐	包括京津两市、唐山(内含秦皇岛市)、廊坊地区 1982 年原国家建委成立国土局,确定将京津唐地区作为全国国土规划试点,开展"京津唐地区国土规划纲要研究" 目的:为建立自成体系的工业经济,如燕山石化、石景山钢铁厂、东方红炼油厂等大项目建设。
	1985～1987 年	环渤海	包括京津冀鲁辽等省区 开始环渤海地区经济研究,1987 年成立了环渤海地区经济研究会
	1985 年		因编制《全国国土总体规划纲要》,京津唐工作停止
20 世纪 90 年代～2004 年	1991～1995 年	京津冀	北京、天津、张家口、承德、唐山、秦皇岛、保定、廊坊、沧州等城市的专家和政府官员,多次组织学术研讨活动,1994 年由研讨会提交的《建议组织编制京津冀区域建设发展规划》的报告得到国务院批准,同意由原国家计委牵头,会同相关部门和地区进行编制

续表

年代	时间	名称	主要内容
20 世纪 90 年代~ 2004 年	1993 年	北京市《北京城市总体规划》获国务院批复	提出"沿京津塘公路是城市主要发展轴"
	1999~ 2002 年	大北京地区	清华大学吴良镛院士在《京津冀地区城乡空间发展战略规划研究》一期中提出了"大北京规划"概念;提出以北京、天津"双核"为主轴,实施"双核心-多中心"都市圈战略
	2003 年	京津塘科技新干线	召开第一次京津塘科技新干线论坛。京津两地达成了一系列高新技术产业战略合作共识
	2004 年	京津冀	北京市修编《北京城市总体规划》。提出"疏散中心大团,重点发展东部发展带,东南指向廊坊、天津"
	2004 年	环渤海经济区	天津提出"环渤海经济区" 范围:京津冀、山东、辽宁 设立了"环渤海地区经济联合市长联席会",后改名为"环渤海区域合作市长联席会"
	2004 年	科技合作	京津两地科委签署了《京津科技合作协议》,推动环渤海区域科技创新体系
	2004 年	京津冀	国家发改委召集北京、天津、河北 8 城市发展与改革部门的负责同志,在廊坊召开了"京津冀区域经济发展战略研讨会",达成"廊坊共识"
	至此,自改革开放以来走过 20 多年历程的京津冀区域协调发展,从此进入一个新的阶段		
2005~ 2013 年	2005 年	京津冀都市圈	国家发改委开始着手编制《京津冀都市圈区域规划》 范围:2+8 的城市格局
	2006~ 2013 年	京津冀地区	清华大学完成《京津冀地区城乡空间发展规划研究》第二期研究报告
		京津冀地区	清华大学完成《京津冀地区城乡空间发展规划研究》第三期研究报告
2013 年以来	党的十八以后,实现京津冀协同发展上升为重大国家战略		
	2013 年	京津冀京津冀协同创新	2013 年 3 月,京津两市签署《北京市天津市关于加强经济和社会发展合作协议》,强调共同打造京津科技新干线,建设战略性新兴产业和高技术产业集聚区 2013 年 5 月,习总书记天津调研,提出"双城记" 2013 年 8 月,习总书记河北调研,提出"要推进京津冀协同发展" 2013 年 9 月,国务院批准国家发改委《关于编制环渤海地区发展规划纲要及京津冀发展规划有关问题的请示》,明确京津冀发展规划范围为京津冀三省市全域,规划期为 2014~2020 年,展望到 2030 年,重点是按照区域一体化发展方向,统筹解决制约三省市特别是首都可持续发展的突出问题

续表

年代	时间	名称	主要内容
2013 年以来	2014 年	京津冀协同发展	2014 年 2 月 26 日，习总书记主持召开京津冀三地协同发展座谈会，提出 7 点要求，并明确了实现京津冀协同发展是重大国家战略 2014 年 8 月，国务院成立了京津冀协同发展领导小组，由政治局常委、国务院副总理张高丽任组长，紧接着将"京津冀发展规划"调整为"京津冀协同发展规划"
	2015 年	京津冀协同发展	2015 年 4 月 30 日，中央政治局会议审议通过《京津冀协同发展规划纲要》（以下简称《纲要》），明确了有序疏解北京非首都功能是京津冀协同发展战略的核心，明确了京津冀协同发展战略纲要
	京津冀协同发展进入新时期		

三、京津冀协同创新的基础

京津冀地区作为我国经济发展的重要支撑区，在基础设施网络、城镇体系、经济规模、产业布局、合作机制等诸多领域已形成了基本格局，以京津冀为核心的世界级都市群正在形成，创新驱动正成为地区经济转型升级的基本动力，京津冀协同发展进入了一个崭新的历史时期。

（一）区域一体化交通基础设施正在协同推进

京津冀地区近年来铁路、公路、港口等基础设施建设快速推进，区域内京津城际铁路、高速公路、国际机场、信息通信等的基础设施一体化建设正在迅速推进，京津两大国际都市之间的"半小时"经济圈已经形成；以天津港、黄骅港等为龙头的港口群建设正在统筹推进，港口与腹地中心城市间的交通通道推动形成了多个港口与腹地发展轴，实现港口腹地互动发展。京津冀间的交通支线建设的加快建设，快速、便捷和四通八达的现代化、网络化的区域综合交通体系建设，为加快要素流动和产业展开奠定了重要的物理通道，为京津冀地区发展成为世界级城市群、推动区域协同发展提供重要的基础支撑。

（二）城镇体系构成京津冀协同创新的空间载体

城镇化是我国现代化建设的历史任务，也是扩大内需的最大潜力，在过去十年左右的时间里，京津冀地区城镇化取得了巨大成就，已进入城镇化加速阶段，发展势头迅猛。按照国家发改委的界定，京津冀城市群包括北京市、天津市和河北省的石家庄、唐山、保定、秦皇岛、廊坊、沧州、承德、张家口八个地市，城市群区域总面积为 21.60 万平方公里，常住人口 1.1 亿人。2005～2014 年间，北京、天津和河北省三地城镇化率均呈逐年增加趋势，分别增加 3.26%、9.53% 和 30.88%，2014 年京津冀地区城镇人口占总人口比例超过 60%，高于全国 54.77% 的平均水平，进入城市间交融与融合、城市群空间优化与质量提升阶段。

（三）高端资源集聚的现代产业体系基本形成

京津都有雄厚的经济实力，是区域内首位度很高的国际化城市。2014 年，京津冀地区 GDP 总量达 6.64 万亿元（表 4-2），占全国 GDP 的 10.4%；而京津两市 GDP 占京津冀地区的 50% 以上，与周边腹地城市如保定、廊坊、唐山等城市化地区共同组成的"增长三角区"和我国重要的消费中心区。北京作为全国的首都，具有技术、人才、信息等优势，已形成以金融服务、信息服务、流通服务、商务服务业及科技服务业为主的现代服务业发展格局；天津作为我国北方重要的工业城市和港口城市，以航空航天、石油化工、装备制造、电子信息、生物医药、新能源新材料、轻纺、食品饮料、冶金等为代表的现代制造业基础雄厚；河北省依靠自身在原材料方面的优势，传统重工业基础较好，成为我国主要的服务业聚集核心区、高新技术和重工业基地。

表 4-2　2014 年京津冀三地 GDP 数据

地区	GDP（万亿元）	人均 GDP（万元）
北京	2.13	10.00
天津	1.57	10.52
河北	2.94	4.00
京津冀	6.64	8.17

资料来源：北京、天津、河北国民经济与社会发展统计公报

从整体上说，京津冀地区是我国科技资源和高技术产业集聚区，京津塘高速公路沿线新经济产业带初现雏形。以北京中关村和天津滨海新区为两端，沿线已经陆续出现了一系列科技园区和工业开发区，包括天津经济技术开发区、中关村科技园区、北京经济技术开发区、顺义空港工业区以及廊坊经济技术开发区等，形成了一条长达 142 公里的覆盖华北、联系西北的双极轴向带状高新技术产业带，集聚了电子信息、通信、生物医药、光机电一体化、新材料、绿色能源等几万家高新技术企业，以此为核心的经济活动向外围腹地城市梯度推移的特征非常明显。

（四）日益深化的科技创新合作正在迅速推进

当前，京津冀三地科技合作与发展正进入一个新的强化区域协同创新为特征的发展阶段，三地全力推进区域科技创新合作。三地间相继签署了《北京市、河北省 2013 至 2015 年合作框架协议》《北京市、河北省科技合作框架协议》等一系列专项协议，中关村示范区也与天津滨海新区、天津宝坻区、河北廊坊市、河北承德市、河北唐山市等签署了战略合作框架协议，一批技术创新平台、科技成果转化平台等相继建立，区域内产业转移、技术交易规模不断增加，科技服务体系建设、联合科技攻关、科技条件平

台研发服务等迅速推进，促进创新的体制机制创新正在积极探索。

区域内部产业转移正在推进，跨行政区的产业链开始浮现。在产业衔接方面，京津冀地区已出现了优势企业联合、实现优势互补的现象，如围绕京津各自的汽车和电子信息产业而发展的零部件供应、配套生产企业，并不仅仅只为各自的整车、整机和总装厂服务，也在京津冀地区内展开一定的区域内产业合作。在产业链空间布局方面，京津冀地区呈现越来越明显的总部在北京，生产基地在天津、河北的趋势。

四、京津冀协同创新的优劣势与挑战分析

（一）京津冀地区与长三角、珠三角比较分析

改革开放三十多年来，我国经济社会发展取得显著成就，而东部地区是我国经济高速增长的典型区域。如今，长江三角洲（长三角）、珠江三角洲（珠三角）、京津冀是东部地区经济增长的"三极"，其经济发展极化特征越加明显，在全国获得了巨大的发展机遇。其中，长三角地区是我国第一大经济区，是中央政府定位的我国综合实力最强的经济中心、亚太地区重要国际门户、全球重要的先进制造业基地、我国率先跻身世界级城市群的地区。珠三角地区是我国改革开放的先行地区，是我国重要的经济中心区域，在全国经济社会发展和改革开放大局中具有突出的带动作用和举足轻重的战略地位。但相比之下，在经济发展水平、对外开放程度、市场化进程和区域合作一体化等方面京津冀地区与长三角、珠三角地区还存在着一定的差距。

1. 从经济发展水平上看，京津冀地区明显落后于长三角地区，与珠三角地区相近

在国内生产总值方面，京津冀地区 GDP 为 66478.91 亿元，占全国

GDP 的 10.48%，远远低于长三角地区的经济总量（128829.05 亿元），略低于珠三角地区的经济总量（67809.85 亿元），其中北京市、天津市和河北省的 GDP 占全国比重依次为：3.36%、2.48%、4.64%；从人均GDP 角度来看，2014 年京津冀地区为 81737 亿元，略高于珠三角地区（63469 亿元），但低于长三角地区（84082 亿元），是全国人均 GDP 水平的近 2 倍，其中北京人均 GDP 99995 元、天津 105231 元，分别为全国平均水平的 2 倍多（表 4-3）。

表 4-3　2014 年三大城市群主要经济指标比较

地区	GDP（亿元）	占全国 GDP 比重（%）	人均 GDP（元）
北京	21330.83	3.36	99995
天津	15726.93	2.48	105231
河北省	29421.15	4.64	39984
京津冀	66478.91	10.48	81737
长三角	128829.05	20.32	84082
珠三角	67809.85	10.69	63469
全国	634043.40	—	46629

资料来源：相关地区国民经济与社会发展统计公报；长三角地区指的是上海、浙江省和江苏省。珠三角地区指的是广东省

2．从经济外向度来看，与长三角、珠三角相比，京津冀地区的经济外向度偏低

表 4-4 显示，2013 年京津冀地区进出口总额为 6125.08 亿美元，远低于长三角 16987.77 亿美元和珠三角 10915.70 亿美元的水平。实际利用外资方面，京津冀地区为 320.23 亿美元，略高于珠三角 249.52 亿美元，远低于长三角 642.00 亿美元，只相当于长三角的 49.88%。对外依存度方面，京津冀地区为 21.75%，也略高于珠三角 16.35%，远低于长三角 23.26%。由此可知，进出口总额方面京津冀地区均落后于长三角地区和珠三角地区，实际利用外资、对外依存度方面京津冀地区均略高于珠三角地区、远低于长三角地区。

表 4-4 2013 年三大城市群对外经济联系情况

地区	进出口总额（亿美元）	实际利用外资总额（亿美元）	外贸依存度（%）
北京	4291.00	85.24	17.85
天津	1285.28	168.29	46.01
河北	548.80	66.70	8.93
京津冀地区	6125.08	320.23	21.75
长三角	16987.77	642.00	23.26
珠三角	10915.70	249.52	16.34

资料来源：相关地区国民经济与社会发展统计公报；长三角地区指的是上海、浙江省和江苏省。珠三角地区指的是广东省

3. 从市场化改革进程来看，京津冀地区国有经济比重较高，城市化率低于长三角和珠三角的平均水平

京津冀地区城市发展、产业发展过程都以政府主导为主，市场化发育程度不够。

首先，城市发展方面。京津冀地区城镇化水平明显低于长三角及珠三角地区。从城镇化总水平来看，2014 年京津冀地区城镇化率为 61.07%，高于全国 54.77%的平均水平。但同时期长三角地区城镇化率为 68.73%、珠三角地区为 84.12%，分别高于京津冀地区城镇化率 7.66 个百分点和 23.05 个百分点，这说明京津冀地区城镇化发展还存在较大空间。此外，与长三角、珠三角地区相比，京津冀地区内部城镇化水平更加不平衡。2014 年，北京市、天津市城镇人口比率分别达到 86.35%和 82.27%，已迈入高度城镇化阶段，而同年河北省的城镇人口比率只有 49.33%，尚处在城市化中期阶段。

其次，产业发展方面。珠三角的产业聚集与发展是改革开放后以市场为导向形成的，长三角的产业聚集主要是随着改革的深入，政府权力的下放，在地区政府间的合作日益加强、市场联系进一步紧密的情况下发展起来的，它是政府与市场密切结合的结果。因此，长三角地区和珠三角地区比较充分地利用了市场对资源配置的功能。而京津冀地区产业聚集与发展更多是在政府主导下形成的，行政垄断色彩较强，市场发育

程度不完善。从国有控股企业数量来看，京津冀地区国有控股企业个数占总企业数的比重为 2.70%，略高于全国水平（2.48%），但明显高于长三角地区（1.43%）和珠三角地区（1.81%）。而这种长期的行政壁垒和市场分割严重影响了资源的有效配置，不利于城市群产业层次的提升。

2014 年三大城市群市场化改革进程如表 4-5 所示。

表 4-5　2014 年三大城市群市场化改革进程情况

地区	国有控股企业数（个）	占总企业数比重（%）	城镇化率（%）
北京	17075	2.76	86.35
天津	7959	3.31	82.27
河北	8721	2.24	49.33
京津冀	33755	2.70	61.07
上海	10539	2.61	89.60
浙江	15767	1.33	64.81
江苏	11759	1.09	65.21
长三角	38065	1.43	68.73
广东	19916	1.81	68.00
珠三角	19916	1.81	84.12
全国	263348	2.48	54.77

资料来源：相关地区统计年鉴；长三角地区指的是上海、浙江省和江苏省。珠三角地区指的是广东省

4．从区域合作一体化来看，受行政体制约束影响，京津冀地区一体化进程缓慢，效果不理想

与长三角、珠三角相比，京津冀地区一体化进程较为缓慢。京津冀城市群发展呈现"双核—岛链"结构。北京、天津作为双核，依托独特的政治优势得到了优先发展权，并且京津两大城市之间的合作非常密切，但与河北省其他城市的协同合作却相对较少，尚未形成统一、协调的合作机制。此外，北京、天津在城市群中的空间集聚效应大于扩散效应。因此，京津冀三地的经济分别自成体系，远未形成资源共享、优势互补、良性互动的区域经济联合体。而长三角与珠三角城市之间已形成协同发展的良好局面。长三角城市群发展呈现"单极—扇面"结构。作为长三角的核心城市，上海市在城市群中的带动作用十分明显，有效带动了周

边苏州、无锡、嘉兴等地的迅速发展。此外，南京、杭州作为二级中心城市，在城市群中发挥强大的辐射作用，进一步带动三级城市的发展。因此，长三角城市之间优势互补、联系密切，一体化进程取得良好成就。珠三角城市群发展呈现"双核—轴带"结构，已形成资源共享、优势互补的良好局面。广州、深圳作为两大核心城市，在城市群发挥较强的辐射带动效应。同时，广州—东莞—深圳轴线则形成都市走廊，依托临近港澳台的区位优势，吸纳投资、承接其产业转移，有效推进珠三角地区经济快速、健康发展。

（二）京津冀协同创新的优势、劣势、机遇、挑战

1. 优势

（1）独特的政治、信息、科技和人才优势

首先，首都北京作为核心区是京津冀地区最显著的优势之一。同时，京津冀协同发展已上升为国家重大战略之一，党中央、国务院高度重视京津冀地区发展。如 2014 年 2 月习近平总书记提出京津冀协同发展重大战略，2014 年 9 月张高丽副总理强调科学务实有序推动京津冀协同发展等领导一系列讲话精神，为加快京津冀科技协同创新实现协同发展提供了重要思想支撑。2015 年 4 月 30 日，中央政治局会议审议通过《京津冀协同发展规划纲要》（以下简称《纲要》），高度重视京津冀协同创新发展。而这些无疑是京津冀地区独特的政治优势。

其次，京津冀地区科技创新优势非常突出。京津冀地区是我国创新资源最密集的区域之一。它是我国高校、科研院所和科技人才最为集中的区域，汇聚了全国 1/4 以上的著名高校、1/3 的国家重点实验室和工程（技术）研究中心、2/3 以上的两院院士。如表 4-6 所示，2014 年，京津冀地区万人研发人员数为 53.27（相当于全国的 1.36 倍），高等院校研发

人员数占比与研发机构研发人员占比分别为 18.72%、19.38%，均高于全国水平（14.25%、7.91%）。同时，京津冀地区科技经费投入较高，2014年全社会研究与试验发展经费投入强度为 3.32，高于长三角地区（2.82）与珠三角地区（2.37），其中北京市（5.95）、天津市（2.96）科技经费投入强度是全国水平（2.05）的 2.90 倍和 1.44 倍。此外，京津冀地区还是我国科技创新成果最多的地区之一。京津冀地区技术市场成交额、专利申请授权量等均在全国位居前列，并呈现逐年增加的态势。2014 年京津冀地区技术成交额达到 3555 亿元，占全国 41.45%；专利授权量达 12.11万件，占全国 10.02%（表 4-6）。

表 4-6 2014 年京津冀地区科技创新成果情况

地区	技术市场成交额（万元）	专利申请授权量（件）
北京	31371854	74661
天津	3885631	26351
河北	292228	20132
京津冀	35549713	121144
全国	85771790	1209402

资料来源：《中国统计年鉴 2015》

最后，京津冀地区知识人才储备具有高质量优势。京津冀作为我国经济最为发达的地区之一，高等院校、高等人才众多，经济的快速发展又进一步促进了高层次人才的集聚，这就形成了显著的人才优势。如表 4-7 所示，2014年，京津冀地区普通高等院校数为 262 所，占全国总数的 10.36%。在校研究生数位居全国前列，其中，硕士生 27.67 万人，占全国总数的 18.03%；博士生 8.70 万人，占全国总数的 27.81%。可见，京津冀地区高层次人才更加集聚。因此，就知识人才储备方面看，京津冀地区具有更大的发展潜力。

（2）自然资源丰富、区位条件优越

首先，京津冀地区云集了发展现代化工业所需的能源、黑色金属、有色金属、化工原料、建筑材料等矿产资源。表 4-8 显示，2014 年京津冀地区石油基础储量为 29774 万吨，占全国总数的 8.67%；天然气基础储量为 603 亿立方米，占全国总数的 1.22%；煤炭基础储量为 48 亿吨，占全国总数的 2%。由此可见，京津冀地区具备石油、天然气、煤炭等能源资源。表 4-9 显示，京津冀地区云集了铁矿、锰矿、铬矿、钒矿、原生钛铁矿等黑色金属矿产资源，其中铁矿资源最为丰富。2014 年京津冀地区铁矿资源基础储量为 29.87 亿吨，占全国总数的 14.46%。表 4-10 显示，京津冀地区包含铜矿、铅矿、锌矿等有色金属资源及铝土矿、菱镁矿、硫铁矿、磷矿、高岭土等非金属矿产资源。虽然其基础储量不高，但种类丰富多样，为京津冀地区化工产业、建筑业发展提供了良好的原料基础。

表 4-7 2014 年京津冀地区高等院校及高层次人才情况

地区	普通高等院校数（所）	在校研究生数（人）	
		硕士生	博士生
北京	89	198161	76282
天津	55	43076	8346
河北	118	35486	2337
京津冀	262	276723	86965
全国	2529	1535013	312676

资料来源：《北京统计年鉴 2015》《天津统计年鉴 2015》《河北统计年鉴 2014》；其中，河北省为 2013 年数据

表 4-8 2014 年京津冀地区能源基础储量

地区	石油（万吨）	天然气（亿 m^3）	煤炭（亿吨）
北京	—	—	4
天津	3049	279	3
河北	26725	324	41
京津冀	29774	603	48
全国	343335	49452	2400

资料来源：《中国统计年鉴 2015》

表 4-9 2014 年京津冀地区黑色金属基础储量

地区	铁矿（亿吨）	锰矿（万吨）	铬矿（万吨）	钒矿（万吨）	原生钛铁矿（万吨）
北京	1.33	—	—	—	—
天津	—	—	—	—	—
河北	28.54	7.05	4.64	10.28	283.68
京津冀	29.87	7.05	4.64	10.28	283.68
全国	206.56	21415.44	419.75	900.17	21611.22

资料来源：《中国统计年鉴 2015》

表 4-10　2014 年京津冀地区有色金属及非金属矿产基础储量

地区	铜矿（万吨）	铅矿（万吨）	锌矿（万吨）	铝土矿（万吨）	菱镁矿（万吨）	硫铁矿（万吨）	磷矿（亿吨）	高岭土（万吨）
北京	0.02	—	—	—	—	—	—	—
天津	—	—	—	—	—	—	—	—
河北	13.54	23.69	72.92	28.01	882.34	1089.31	1.93	58.30
京津冀	13.56	23.69	72.92	28.01	882.34	1089.31	1.93	58.30
全国	2836.3	1720.8	4034.1	98321.9	108367.0	133859.9	30.7	57521.2

资料来源：《中国统计年鉴 2015》

其次，京津冀地区区位优势显著。京津冀地区处于环渤海地区的核心区，包括北京、天津两个直辖市和河北省的石家庄、秦皇岛、唐山、廊坊、保定、沧州、张家口、承德等 8 个地市。京津冀三地分别具备独特的区位优势。其中，北京市依托其区位优势，将作为全国的政治中心、文化中心、国际交往中心和科技创新中心；天津市为全国先进制造研发基地、北方国际航运核心区、金融创新运营示范区和改革先行示范区，具备良好的高端制造业优势；河北省作为全国现代商贸物流重要基地、产业转型升级试验区、新型城镇化与城乡统筹示范区、京津冀生态环境支撑区，也具备良好的腹地优势。

（3）产业结构优化，发展潜力十足

首先，京津冀产业体系完整，初步形成了产业结构梯度。北京已处于后工业化时期，产业主要是以第三产业为主，呈"三二一"型产业结构。目前，北京已形成以金融服务、信息服务、流通服务、商务服务业及科技服务业为主的现代服务业发展格局（表4-11）。此外，高技术制造业、现代制造业成为带动工业增长的主要力量。天津市正处于工业化后期的重工业化阶段，以重工业为主要支撑，呈"二三一"型产业结构。如今，天津市工业已形成航空航天、石油化工、装备制造、电子信息、生物医药、新能源新材料、轻纺、食品饮料、冶金等为代表的优势产业和支柱产业（表4-12）。河北省处于工业化的中期，以传统的高耗能重工业为主，呈"二三一"型产业结构。目前，河北省已形成钢铁、装备制造、纺织、建材、石化、电子信息、生物制药、新能源装备、汽车制造等优势工业产业。由此可知，京津冀地区产业体系完整，既有信息服务、科技服务、金融服务、文化体育等高端产业；也有生物制药、新能源新材料、电子信息等战略新兴产业；也有通信设备、计算机及其他电子设备制造业，汽车制造、医药制造等现代制造业；还有铁矿、煤矿、石油开采，黑色冶金、石油加工、综合化工等基础产业。

表 4-11 2014 年北京第三产业内部结构

项目	绝对值（亿元）	比上年增长（%）	比重（%）
第三产业	16626.3	7.5	77.9
金融业	3310.8	12.3	15.4
批发和零售业	2447.7	5.5	11.5
信息传输、软件和信息技术服务业	2062	11.7	9.7
租赁和商务服务业	1700.2	5.8	8
科学研究和技术服务业	1662.6	11.1	7.8
房地产业	1329.2	-2.2	6.2
交通运输、仓储和邮政业	948.1	6.8	4.4
教育	859	9.7	4
公共管理、社会保障和社会组织	576.9	-2.6	2.7
文化、体育和娱乐业	470.4	1.9	2.2
卫生和社会工作	468.1	10.7	2.2
住宿和餐饮业	381.9	-0.2	1.8
居民服务、修理和其他服务业	162.4	13.2	0.8
水利、环境和公共设施管理业	136	11.4	0.6

资料来源：《北京统计年鉴 2015》

表 4-12 2013 年天津优势产业的主要经济指标 （单位：亿元）

优势产业	工业总产值	主营业务收入	利税总额
航空航天	474.18	445.20	42.44
石油化工	3778.03	3782.21	955.00
装备制造	10038.57	10483.34	1119.49
电子信息	3552.07	3512.18	428.64
生物医药	1047.35	1084.73	264.89
新能源新材料	1219.85	1235.68	91.09
轻纺	3503.00	3453.50	376.57
总计	23613.05	23996.84	3278.12

资料来源：《天津统计年鉴 2014》

其次，**京津冀产业结构持续优化**。从三大城市群三次产业结构看，京津冀地区三次产业结构为 5.7∶41.1∶53.2，其第三产业 GDP 占比达 53.2%，高于长三角地区（50.5%）和珠三角地区（49.0%），远远高于全国水平（48.2%）。京津冀地区产业结构的升级水平足以对该地区的发展奠定良好的基础。可以说，虽然京津冀地区发展晚于长三角、珠三角地区，但是相对于这两个地方低水平、高消耗的生产方式，京津冀地区以其专业化、技术化占领了更为广阔的服务业市场（表 4-13）。

表 4-13 2014 年三大城市群三次产业结构情况

地区	第一产业	第二产业	第三产业
北京	0.7	21.4	77.9
天津	1.3	49.4	49.3
河北	11.7	51.1	37.2
京津冀	5.7	41.1	53.2
长三角	4.3	45.2	50.5
珠三角	4.7	46.3	49.0
全国	9.2	42.6	48.2

资料来源：《中国统计年鉴 2015》

2．劣势

（1）北京、天津对河北的辐射带动作用较弱

目前，京津冀地区尚未形成资源共享、优势互补、良性互动的区域经济联合体。北京、天津作为京津冀地区发展的核心城市，依托其政治优势、资源优势获得了迅猛发展，同时京津两大城市之间的合作也较为密切。但是北京、天津与河北其他城市的合作却相对较少，这两大核心城市在城市群中的辐射带动作用较弱。以技术成果交易来源为例（表 4-14），2014 年北京、天津技术输出合同数分别达 67284 项、14947 项，技术输入合同数分别达 47105 项、11594 项，但是河北省技术输出合同数为 3232 项、技术输入合同数为 6116 项。由此可见，北京、天津主要以技术输出为主，河北省以吸纳技术为主，且北京、天津在技术输入和输出方面均

远远高于河北地区，表明北京、天津的技术成果仍有大部分未在河北省内转化，对河北省的辐射带动作用仍然较弱。

表 4-14 2014 年京津冀地区技术成果输入、输出情况

地区	输出技术		吸纳技术	
	合同数（项）	成交金额（亿元）	合同数（项）	成交金额（亿元）
北京	67284	3137.2	47105	1234.7
天津	14947	388.6	11594	340.8
河北	3232	29.2	6115	152.8
京津冀	85463	3555	64814	1728.3
全国	297037	8577.2	297037	8577.2

资料来源：《中国科技统计年鉴 2015》；万人技术成果成交额=输出技术合同成交额/年末常住人口数

（2）行政区划与经济区划的差异

行政区划和经济区划的不重合，是我国城市群发展的最大障碍，京津冀地区在发展过程中也深受其影响。目前，京津冀三地作为独立的行政区，与经济区划存在差异性，这就增加了京津冀城市群协调发展的成本，严重阻碍了京津冀城市群的良性发展。京津冀协调发展需要打破行政区划，以经济区划为依托，合理配置自然、社会、经济资源，推进京津冀三地资源共享、优势互补、良性互动的区域经济联合体建设。

（3）产业同构现象较为严重

京津冀之间存在产业同构现状，这不利于京津冀地区协同发展。从宏观层面看，运用产业结构相似系数对 2003～2012 年京津冀三省市 37 个制造业行业产业相似度进行测算，结果显示（表 4-15）：津冀产业结构相似系数呈明显上升态势，特别是 2006 年后上升显著，2012 年达到 0.813，两地制造业内部产业结构向趋同化趋势增加。这表明津冀两地制造业内部产业结构同质化加重。从京津冀主导产业方面看，京津、津冀主导产业趋同较为严重。京津两地重合的主要为资金和技术密集型的现代制造业和现代生产性服务业，津冀两地重合的主要为资源型重化工业和传统服务业，这种"同构化"现象直接导致了两地在资源、能源、项

目等方面的争夺，既造成行业巨大内耗，也不利于区域间形成合理分工
（表4-16）。

表4-15 京津冀三地制造业产业结构相似系数

地区	2003 年	2006 年	2009 年	2012 年
京津	0.961	0.740	0.528	0.599
京冀	0.514	0.402	0.410	0.379
津冀	0.576	0.594	0.779	0.813
平均值	0.684	0.579	0.572	0.597

资料来源：2004～2013 年《北京统计年鉴》《天津统计年鉴》《河北经济年鉴》

表4-16 2011 年京津冀三地主导产业同构情况

地区间	同构的主导产业
北京、天津和河北	煤炭开采和洗选业
	石油加工、炼焦及核燃料加工业
北京和天津	交通运输设备制造业（汽车制造业）
	通信设备、计算机及其他电子设备制造业
	水生产供应业
	金融业
	租赁和商务服务业
	科学研究、技术服务和地质勘察业
天津和河北	金属制品业
	黑色金属冶炼及压延加工业
	交通运输仓储和邮政业
	批发和零售业
北京和河北	黑色金属矿采选业
	电力、热力的生产和供应业

3．机遇

（1）东亚经济一体化为京津冀地区发展提供发展机遇

进入21世纪，经济全球化开始进一步向纵深发展，并带来了新的国际分工、生产格局和外部环境。当前，东亚经济一体化进程不断推进，这给位于东亚区域中心的京津冀城市群带来了战略发展机遇。2015年11月第十八次东盟与中日韩领导人会议在吉隆坡国际会议中心举办，各国

领导人都强调要加快推进东亚经济一体化进程。推进东亚经济一体化进程，可以加强东亚各国之间进行经济合作，实现信息、技术、人才、资金等方面的资源共享，这为京津冀城市群发展提供良好的发展机遇，有助于提高京津冀城市群发展水平，尽快将京津冀城市群建设成为世界级城市群。

（2）国家区域发展战略为京津冀地区发展提供发展机遇

目前，我国六大区域战略分别是京津冀经济圈、长江经济带、"丝绸之路经济带"和"21 世纪海上丝绸之路"（简称"一带一路"）、东北地区（含内蒙古东部）和北部湾经济区（可简称"两区"）。其中，京津冀作为北方经济版图的核心区域，在国家区域规划中占有无可替代的重要地位。同时，京津冀协同发展已上升为重大国家战略，国家有关部门对于京津冀这一区域发展"第三极"的重视与日俱增。此外，国家"十一五"规划中的主体功能区规划将京津冀地区列入优化开发区域，其国家战略定位是提升国家竞争力的重要区域，全国重要的人口和经济密集区，带动全国经济社会发展的龙头。由此可见，国家区域发展战略为京津冀地区发展提供了良好的机遇。

4．威胁

（1）资源环境形势日益严峻

首先，京津冀地区在快速推进城镇化的过程中，由于缺少具有约束力的资源环境空间管理措施，城市建设挤占生态空间、工业园区发展成片、污染物排放监管不严等问题时有发生，引起京津冀地区大气污染、水污染及生态破坏等环境问题，不断挑战资源环境承载力的底线。如表 4-17 所示 2014 年京津冀地区废水排放总量达 54.99 亿吨，占全国的7.68%。此外，京津冀地区的雾霾问题尤为突出，已受到全国社会的高度重视。2014 年全国空气最差十大城市中，京津冀占八席。

表 4-17　2014 年京津冀地区废水排放总量

地区	废水排放总量（万吨）
北京	150714
天津	89361
河北	309824
京津冀	549899
全国	7161751

资料来源：《中国统计年鉴 2015》

其次，土地资源、水资源紧缺已经成为制约京津冀地区发展的一个瓶颈。京津冀地区土地面积 21.6 万平方公里，占全国面积的 2.3%。北京、天津作为京津冀经济发展的核心地区，土地资源总量相对较低，占全国土地面积的比重分别为 0.2%和 0.1%。京津冀属水资源匮乏区域，水资源总量不足全国的 1%，相对于常住人口和 GDP 占全国的比重（分别为 8.1%和 10.4%）明显偏低。同时，京津冀地区地表水和地下水源还受到不同程度的污染，再加上大城市的垃圾围城、水土流失、土地沙化、沙尘暴等问题，总体来说，京津冀地区环境形势已十分严峻，正在制约着京津冀健康、持续、协同发展。

（2）国内区域竞争日趋激烈

区域发展的实质就是资源、信息、科技、人才、资金等要素的集聚与竞争。一定的区域竞争可以加速产业升级，但同时也会压缩竞争主体的市场空间，形成对资源、资金、项目的争夺并有可能演化成恶性竞争。目前，在经济新常态的背景下，各地区发展已不再处于快速发展、粗放式繁荣的大发展期，它们之间的竞争正在日益加剧。同时，国内区域开发战略层出不穷，如东北振兴、西部开发、中部崛起、海西经济区、上海自贸区、新丝路战略、长江经济带，以及两江、西咸、兰州、舟山、二沙头等，全国区域发展已呈现点—线—面全面开花局面，各区域之间的资源、信息、科技、人才、资金等要素竞争已经越演越烈[30]，因而京津冀地区的发展面临巨大的挑战。

五、京津冀城市群发展趋势与协同创新格局

一般来说，科学技术支撑地区经济发展，即科技支撑地区产业发展和技术创新需求，由于产业要素的空间集聚与地域布局形态，往往受地区主体功能定位和城市（群）空间战略格局的影响。因此，创新驱动地区发展战略的实施，除探讨产业技术层面、制度层面的创新内容，明晰一个国家或地区经济在地域空间上的基本格局及其趋势也是优化创新格局的重要内容，这对于京津冀地区来说也不例外。因此在客观分析区域发展趋势的基础上，探讨京津冀地区（城市群）发展的基本格局及规律性的基本趋势，是破解京津冀协同创新的基本出发点，才能真正做到创新驱动地区经济的协同发展与协同创新。

（一）京津冀城市群发展的三大基本格局

1. 以 1 小时经济圈为核心的世界级城市群正在形成

按照国家发改委的界定，京津冀城市群包括北京市、天津市和河北省的石家庄、唐山、保定、秦皇岛、廊坊、沧州、承德、张家口等八个地市，城市群区域总面积为 21.60 万平方公里，常住人口 1.1 亿人。从整体来看，2005～2014 年间，北京、天津和河北省三地城镇化率均呈逐年增加趋势，分别增加 3.26%、9.53%和 30.88%，2014 年京津冀地区城镇人口占总人口比例超过 60%，高于全国 54.77%的平均水平。近年来，随着铁路、公路、港口、航空等基础设施建设快速推进，区域内京津城际铁路、高速公路、国际机场、信息通信等的基础设施一体化建设正在迅速推进，京津两大国际都市之间的"半小时"经济圈已经形成；以天

津港、黄骅港等为龙头的港口群建设正在统筹推进，港口与腹地中心城市间的交通通道推动形成了多个港口与腹地发展轴，实现港口腹地互动发展。京津冀间的交通支线建设的加快建设，快速、便捷和四通八达的现代化、网络化的区域综合交通体系建设，为加快要素流动和产业展开奠定了重要的物理通道，为京津冀地区发展成为世界级城市群、推动区域协同发展提供重要的基础支撑。

2. 有着巨大内部差异的特殊城镇体系

按城市综合经济实力和世界城市发展的历史来看，城市群（或都市圈）是城市发展的最高阶段，在这个阶段，城市的经济功能已不再是在一个孤立的城市体现，而是由一个或多个中心城市和与其有紧密社会经济联系的临近城镇，依托交通网络组成的一个相互制约、相互依存、具有一体化倾向的协调发展区域。对京津冀地区而言，京津冀地区包括北京、天津两个直辖市，唐山、保定、廊坊、秦皇岛、承德、张家口、沧州、石家庄、邯郸、邢台、衡水等 11 个地级市以及 23 个县级市。从自然和人文条件来看，京津冀城镇体系内的城镇特色各异、类型丰富、自然多样。从自然条件来看，有山城（张家口、承德），有港城（秦皇岛、天津），有平原城市（保定、廊坊、沧州、石家庄、沧州等），也有丘陵平原城市（唐山、北京）；从人文历史来看，有都城（北京），有历史文化名城（北京、承德、秦皇岛、保定），也有卫城（山海关、张家口、天津）。这些优越条件为建设各具特色的城市，奠定了良好的自然和人文历史基础，应该很好地利用这些条件。

但是，与世界其他城市群相比，京津冀城市群的显著之处在于其内部城市化水平差异非常显著。一方面，整体而言，2014 年北京市和天津市城镇人口在总人口中所占比重已经高达 86.35%、82.27%，属于高度城镇化的区域，而同期河北省城镇人口占总人口的比重为 49.33%，不仅低于北京、天津两市的水平，同时低于全国 54.77% 的水平。另一方面，除北京、天津两个超级大城市以外，次级城市发展明显不足，京津冀都市圈内二级城市发展仍比较滞后，与核心城市、相对发达城市之间还存在比较大的差距，这种巨大的区域内落差在我国其他地区是鲜见的。中小城市的发展对其周边地区的辐射能力比较薄弱，城市发展体系不够合理。从而在城市群发展格局上，京津冀城市群内并没有完全呈现出一种以核心城市为圆心、经济发展梯度依次递进的"放射式"经济发展格局。

3. 相对较低的城镇化发展强度

人口城镇化和城市发展都会带来区域空间形态和人地关系格局的变化。所谓城镇化强度，是指城镇化发展进程中空间形态及人地关系变化的程度。本书采用密度指标来反映一定区域范围内城镇化的强度及其变化，旨在更全面地分析和准确判断京津冀地区城镇化的特点。本书利用5个区域密度指标来表征城镇化的强度，包括人口密度（人口/平方公里）、经济密度（GDP/平方公里）、规模城市密度（50万人及以上规模城市/10万平方公里）、建成区密度（建成区面积/千平方公里）、城镇人口密度（城镇人口/平方公里）。

经测算（表4-18），京津冀的经济密度、规模城市密度、建成区密度和城镇人口密度仅分别是长三角地区的51.24%、52.65%、23.82%和56.29%；规模城市密度尤其偏低，平均每万平方公里只有0.6个50万人口及以上规模的城市，而长三角地区和珠三角地区分别有3.34个和1.36个，规模城市密度是京津冀地区的5.6倍和2.3倍，长三角地区的5个密度指标水平在三个地区中都是最高的，珠三角地区次之，京津冀地区的水平最低。京津冀地区城镇化强度明显弱于长三角地区和珠三角地区，其发展的最短边是规模城市密度过低。京津冀地区发展步伐远不如珠江三角洲、长江三角洲地区的主要原因，就是各个城市在确定发展方向时，都搞大而全、小而全，缺乏专业分工、缺乏区域协作，不能做到扬长避短、发挥优势，曾多次发生过争原料、争投资、争项目的事情。

表 4-18　京津冀、长三角、珠三角的"城镇密度"对比

地区	人口密度 （人/km²）	经济密度 （元/km²）	规模城市密度 （个/万 km²）	建成区密度 （km²/千 km²）	城镇人口密度 （人/km²）
京津冀	501	2663	0.60	16.9	273
长三角	754	5197	2.34	32.1	485
珠三角	598	3223	1.36	25.4	390

　　数据来源：根据第六次全国人口普查和国家数据库的数据计算
　　注：规模城市是指 50 万及以上人口规模的城市；城镇密度是指全区域内每平方公里的城镇
人口数。人口数据是 2010 年数据，其他数据是 2012 年数据

（二）京津冀城市群发展的三大基本趋势

　　从国内外都市圈（城市群）的发展经验来看，大都市圈绝大多数发育于沿海地带或者大河中下游地区，区域城市化与工业化水平较高，并且都注重经济空间与生态空间的协调、均衡发展。从这个意义上来看，京津冀地区建立了具有良好生态环境系统的圈层式区域城镇空间布局体系，是面向区域一体化和全球化竞争格局下的基本趋势。

1. 由京津"双核"向"多极化"、由"点轴开发"向"圈层式"发展转变

　　按城市综合经济实力和世界城市发展的历史来看，城市群（或都市圈）是城市发展的最高阶段。城市群的经济功能已不再是在一个孤立的城市体现，而是由一个或多个中心城市和与其有紧密社会经济联系的临近城镇，依托交通网络组成的一个相互制约、相互依存、具有一体化倾向的协调发展区域。从长远看，京津冀城镇体系地区总的发展趋势，应该是区域经济社会发展将由非均衡增长逐步转向均衡增长，极化趋势将逐步减弱，区域经济增长极将由磁力强、个数少的极点向多极化转变。就整体而言，圈层式的地域城镇布局方式是与这种区域经济社会发展态势相适应的。

2．网络化的区域交通体系是都市圈高效运行的重要载体

交通运输业和信息产业的快速发展是国外城市群发展的主要驱动力。区域性基础设施的状况和水平，直接关系到城镇体系的完善和发展，国外城市群大多拥有由高速公路、高速铁路、航道、通信干线、运输管道、电力输送网和给、排水管网体系所构成的区域性基础设施网络，其中发达的铁路、公路设施构成了城市群空间结构的骨架。不论城市群的空间结构形态如何，城市群总是有一条产业和城镇密集分布的走廊，通过发达的交通、通信网络相连，建立圈域内的快速交通体系是提高经济效益和生活质量的必然要求。从京津冀地区来看，伴随区域经济的一体化协同发展，该地区的快速交通条件将有很大改善，高速公路、高速铁路、航空港等一体化、信息化发展，正改变人们的时空观念、通勤方式，这将大大缩短城市群内城镇之间的时间距离。因此，城市体系中的二级、三级中心城市的发展，就不能局限于传统交通方式下的城镇，1 小时和 2 小时经济圈范围也将在地域空间上得到扩大和拓展。

3．空间协调和合理分工是推动京津冀都市圈发育成熟程度的首要内容

都市圈内部应该形成合理的区域分工体系，这是衡量都市圈发育成熟程度的核心指标。纽约、伦敦、巴黎、东京等都市圈内各城市根据自身在区域背景下的优劣势条件而承担不同的职能，在分工合作、优势互补的基础上共同发挥了整体集聚优势，形成整体的区域竞争力。都市圈的中心城市，其核心职能的类型和服务层次应该和圈内其他区域形成一定的区别。要始终注重核心城市"点"的高度集中和生产、生活活动"面"的水平分散的这种空间分散和内在联系相结合的有机整体；注重功能疏解与多中心布局，首都过于复杂的功能必须疏解，应寻求宏观区域上的分散布局，培育多中心结构。实施双核心/多中心都市圈战略，发展中等城市，增加城市密度。

借鉴发达国家的经验教训，结合京津冀地区的自然条件和城镇现状基础，京津冀地区应该依据建设条件，对城市进行合理布局，战略性地确定城市功能定位、职能分工与协作将首当其冲。因此，推进"规划同编、产业同链、交通同网、金融同城、信息共享、科技同兴、生态同治"将成为必然趋势和客观要求。为此，把完善首都职能放在首位，重要的节点城市可适当分担北京一些非首都城市职能。

（三）京津冀城市群协同创新的四大着力点

京津冀是以首都城市为核心，由首都及周边城市共同组成的联系紧密、分工明确、具有一体化发展趋势的区域经济体和城市集合体，是大都市区的特殊形态。纵观全球经济发展态势，以北京为核心的京津冀地区不仅是世界经济最为发达的区域，也是集聚丰富创新资源、科技创新活动最为活跃的地区。随着中关村国家自主创新示范区建设的深入推进，发挥京津冀科技资源优势、产业基础，强化区域协同创新的体制机制建设，必将有效提升京津冀的整体发展实力，对促进京津冀一体化发展发挥更为显著的支撑引领作用，京津冀地区作为国家重要增长极，实施协同创新战略将推动该地区成为国家治理体系完善和治理能力提高的样板区和先行区，推进京津冀城市群形成圈层式、网络化的创新格局。

1. 积聚力量全力推进北京全国科技创新中心的顶层设计和建设

世界各个都市圈均由大都市和众多中小城市组成，大都市是城市圈的核心，是人口与产业集聚的引力中心。如纽约都市圈，作为世界五大都市圈之首，其中包括波士顿、纽约、费城、巴尔的摩和华盛顿5个大城市，以及40个10万人以上的中小城市。纽约占据了区域内的核心地位，其他核心城市也都根据自身的特点，寻找着与纽约的错位发展之路，区域内的产业分布呈现出多元和互补的格局，而这些城市的发展始终离不开纽约金融中心的辐射作用。对于京津冀地区而言，要全力推进中关村国家自主创新示范区发展，完善中关村"一区多园"特色的发展格局，深入推进国家人才特区和科技金融中心建设，加快中关村科技城、未来科技城和北部研发服务和高技术产业带、南部技术制造和战略性新兴产业带建设。采取多种措施集聚国际和国内高端创新资源、服务中介机构，搭建国际化服务平台；加强基础性和应用性科学研究，加快实施国家科技重大专项，提升原始科技创新能力和原始创新成果转移转化能力，打造具有全球影响力的创新中心。

2. 中等城市应该成为京津冀科技创新实验区的创新载体

发挥北京作为科技创新中心的辐射、示范和带动作用，京津都市区的建设将扩大产业发展的腹地，应进一步明确京津两大都市区各城市的功能定位，发挥北京市在集聚科技资源、天津市港口经济等强大引擎功能，依托完善的网络化交通轴带，加紧制定推进在京津冀地区产业协同、技术协同等系列实施方案，优化高技术产业、临港产业、临空产业及空间布局，深化京津冀三地的区域产业结构调整与空间功能定位，破除各城市各自为政、恶意竞争、产业项目重复建设的诸多现实问题，切实提高土地集约利用水平，推动区域产业集聚、经济协作、资源共享、要素流动等有机衔接与良性互动。

依托经济腹地的二级城市，共建一批科技园区，推进京津冀产业技术研发与产业化基地建设的一体化的空间布局。天津要发挥港口优势、制造业基础优势和技术含量比较高的优势，河北在能源、材料、生物制药、机械制造、精加工业等方面的优势，北京在人才、技术、服务方面的强力支撑，推进天津先进制造业中心、河北新型工业化基地以及产业转型升级示范区的建设。瞄准正在北京实施的国家重大科技工程，生态保护、粮食安全、低碳与绿色城市试点、重大装备制造等领域，通过组建一批"协同研发中心"、试点自主创新示范区政策等措施，推动其重大技术产业化基地在京津冀三地实施，最终推动一批京津冀协同创新实验区建设。

3．率先推进创新要素市场的区域一体化建设

依托现代信息技术，推进两市一省技术市场一体化建设，完善各地科技成果转化和交易信息服务平台，建立健全覆盖两市一省主要城市的技术交易市场，完善信息共享、标准统一的技术交易服务体系，建立一体化的科技成果转化与技术市场，促进科技服务业大力发展，既有助于发挥北京全国科技创新中心的功能定位，又有助于发挥创新的辐射扩散功能，带动周边地区的创新发展，推动北京作为科技成果交易核心区。

建立京津冀科技创新资源的共建、开放与共享服务平台。进一步完善京津冀地区的大型科研仪器设备网络，推动建设大型科学仪器设备设施协作共用网；探索建设先进制造技术硬件资源共享平台，面向企业开放共享。

4．构建充分发挥人的创造性的激励机制

创新驱动的实质是人才驱动。当前，京津冀地区存在大都市区人口过度集聚与周边贫困带并存的现象，制度性障碍使得人口流动在异地得不到身份认同、社会保障等各种社会福利的地区差异，都妨碍了区域间人口的流动。并且京津冀之间的人才流动，更多表现为"单向流动"，这种单向流动既与人才的联动效应有关，又与产业群的区位分布密切相关。因此采用产业转移带动人口流动的方式，可以很好地带动人才流动，并借助打破阻碍人才流动的体制机制障碍等措施，保障人才流动。

为此，一要针对央属科研机构集聚的特点，试点推进科研人员的收入分配制度改革，推进中关村国家自主创新示范区的股权激励政策、国有资产处置权等示范政策，在京津冀地区协同创新实验区内实施，充分调动科研人员的科技成果转化与创业积极性。二要在京津冀协同创新实

验区内，试点推进知识产权保护、社会保障体系、人事档案管理等制度衔接，尤其是探索实施有利于产业创新发展的高技术人才的社会保障政策改革与衔接，实现高科技产业与科技人才队伍建设的无缝对接。三要推进三地联合办学与交叉任职，培育企业家与技能型人才队伍，允许国外优秀科研机构在三地间设立研发基地，推进产业化基地建设的人才队伍支撑工作。

第五章 京津冀社会经济发展现状

如图 5-1 所示，2014 年，京津冀区域总面积 21.60 万平方公里，占我国国土总面积的 2.3%；常住人口 1.11 亿人，占全国总人口的 8.1%；GDP 总量达到 66474.5 亿元，占全国 GDP 的 10.4%；产业发展以现代服务业、汽车工业、电子工业、机械工业、冶金工业为主，是全国主要的服务业聚集核心区、高新技术和重工业基地。该地区拥有我国北方最广阔的腹地和发展空间，是环渤海地区和东北亚的重要区域。目前京津冀协同发展上升为国家战略，标志着京津冀发展已经进入了战略转变的新阶段，依托科技协同创新促进京津冀协同发展战略意义重大[70]。

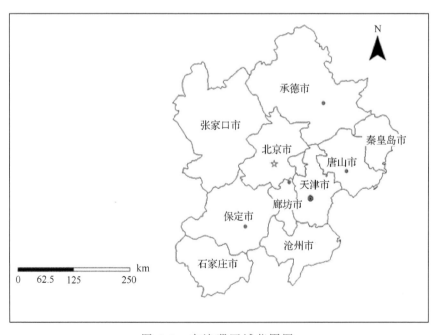

图 5-1 京津冀区域范围图

一、京津冀三地社会经济发展现状

（一）社会发展状况

1. 社会发展总体情况较好，但仍有较大上升空间

从京津冀各地区城镇化总体水平来看，2014 年城镇化率超过 60%，高于全国 54.77% 的平均水平，但与同期长三角地区和珠三角地区的城镇化率仍有一定的差距。2005～2014 年间，北京、天津和河北省三地城镇化率均呈逐年增加趋势，分别增加 3.26%、9.53% 和 30.88%；从城镇居民人均可支配收入水平来看，北京、天津和河北省三地城镇居民收入均呈逐年增加趋势，其中 2014 年京津冀城镇居民人均可支配收入 34726.3 元，高于 28843.9 元的全国平均水平，但与同期长三角和珠三角地区城镇居民人均收入水平仍有较大差距；从人均公共财政教育经费支出总体情况看，北京、天津和河北省人均公共财政教育经费逐年稳步增加，其中 2014 年京津冀整体人均公共财政教育经费支出 2583.08 元/人，高于全国平均水平和珠三角地区，略低于长三角地区。以上分析表明，近年来京津冀区域整体社会发展水平稳步提升，高于全国平均水平，总体社会发展状况和势头良好，但与长三角和珠三角社会发展水平仍有一定的差距，说明该区域未来发展仍有较大空间。

2. 内部社会发展水平差异较大

北京作为国家首都，在城镇化率、城镇居民人均收入、人均教育经费支出等社会指标方面均一直居于前列；天津依托自身的区位优势，社会发展水平紧跟北京之后，社会发展水平较高，与河北省社会发展形成鲜明对比。如表 5-1 和图 5-2 所示，从三地的城镇化率的对比分析来看，截至 2014 年底，北京、天津的城镇化率均远远高于全国 54.77% 的平均

水平，而河北省的城镇化率仍低于全国平均水平，仅约为北京城镇化率的 1/2，天津城镇化率的 2/3，城市发展水平远远落后于北京和天津。

表 5-1 北京、天津和河北三地城镇化率比较

年份	北京		天津		河北	
	城镇化率（%）	增速（%）	城镇化率（%）	增速（%）	城镇化率（%）	增速（%）
2005	83.62	—	75.11	—	37.69	—
2006	84.33	0.85	75.73	0.83	38.76	2.85
2007	84.50	0.20	76.31	0.77	40.25	3.83
2008	84.90	0.47	77.23	1.21	41.90	4.10
2009	85.00	0.12	78.01	1.01	43.74	4.40
2010	85.96	1.13	79.55	1.97	44.50	1.72
2011	86.20	0.28	80.50	1.19	45.60	2.48
2012	86.20	0.00	81.55	1.30	46.80	2.63
2013	86.30	0.12	82.01	0.56	48.12	2.82
2014	86.35	0.06	82.27	0.32	49.33	2.51

资料来源：2006～2015 年《北京统计年鉴》《天津统计年鉴》《河北经济年鉴》《中国统计年鉴》

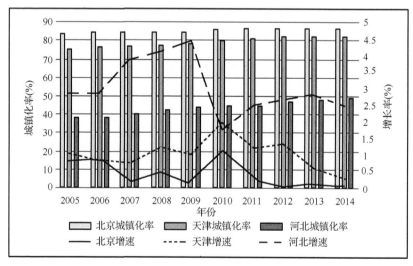

图 5-2 2005～2014 年北京、天津和河北省城镇化率变化分析与比较

如表 5-2 和图 5-3 所示，从三地城镇居民人均收入来看，2005～2014 年间，北京作为首都，其城镇居民收入一直居于前列，天津次之，二者

均高于全国城镇居民收入平均水平；而河北省一直位居最后，低于全国城镇居民收入平均水平。其中，2014年北京城镇居民人均收入达48531.8元，为河北省的2.01倍。

如表5-3和图5-4所示，从三地的人均教育基本费支出看，2014年底，北京、天津人均公共财政教育经费支出分别为3448.19元/人、3408.11元/人，均高于全国平均水平；河北省人均公共财政教育经费支出1176.69元/人，不到北京市人均公共财政教育经费支出的1/2，且低于全国平均水平。以上分析表明，由于历史、经济基础、区位条件、政策导向等的不同，北京一直处于社会发展水平最高状态、天津次之、河北省相对落后，京津冀内部社会发展水平差距较大，在一定程度上制约了京津冀区域整体的协调与可持续发展。

3. 落后地区社会发展增速强劲

2005～2014年期间，从三地城镇化率的增速来看，北京市城镇化率增速逐步放缓，在2005年之后低于天津和河北省的城镇化率增速；河北省的城镇化率增长速度在2005年之后一直高于北京和天津。从三地城镇居民人均收入水平的增速来看，北京城镇居民人均收入水平增速总体放缓，逐步低于全国平均增速，而河北省城镇居民收入水平整体增速较快，已逐步接近于全国平均水平。数据分析表明，虽然河北省的城镇化增速和城镇居民收入水平同北京、天津相比有较大差距，但正处于强劲的增速阶段，未来提升空间和潜力巨大。从人均教育经费支出情况来看，2005年之后，北京市人均教育经费支出增速放缓，逐步低于天津和河北省人均教育经费支出增速，河北省和天津市人均教育经费在波动中均呈现出较为强劲的增长态势，尤其2012年河北省增速超过天津，增速达32.96%。

表 5-2　北京、天津和河北省三地城镇居民人均收入比较

年份	全国		北京		天津		河北		京津冀	
	数值（元）	增速（%）	数值（元）	增速（%）	数值（元）	增速（%）	数值（元）	增速（%）	数值（元）	增速（%）
2005	10493	11.37	17653	12.89	12638.6	10.22	9107.1	14.54	13132.9	—
2006	11759.5	12.07	19978	13.17	14283	13.01	10304.6	13.15	14855.2	13.11
2007	13785.8	17.23	21989	10.07	16357.4	14.52	11690.5	13.45	16678.97	12.28
2008	15780.8	14.47	24725	12.44	19422.5	18.74	13441.1	14.97	19196.2	15.09
2009	17174.7	8.83	26738	8.14	21402	10.19	14718.3	9.50	20952.77	9.15
2010	19109.4	11.26	29073	8.73	24292.6	13.51	16263.4	10.50	23209.67	10.77
2011	21809.8	14.13	32903	13.17	26920.9	10.82	18292.2	12.47	26038.7	12.19
2012	24564.7	12.63	36469	10.84	29626.4	10.05	20543.4	12.31	28879.6	10.91
2013	26955.1	9.73	40321	10.56	32293.6	9.00	22580.6	9.92	31731.73	9.88
2014	28843.9	7.01	48531.8	20.36	31506	-2.44	24141.3	6.91	34726.37	9.44

资料来源：2006～2015 年的《北京统计年鉴》《天津统计年鉴》《河北经济年鉴》《中国统计年鉴》

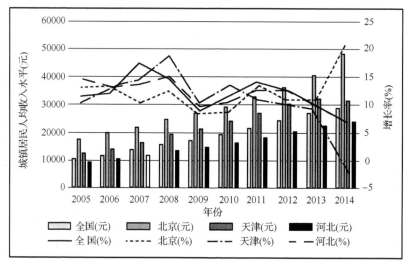

图 5-3　北京、天津和河北省三地城镇居民人均收入比较

表 5-3　北京、天津和河北省三地公共财政教育经费支出情况

年份	北京		天津		河北	
	人均财政经费支出（元/人）	增速（%）	人均财政经费支出（元/人）	增速（%）	人均财政经费支出（元/人）	增速（%）
2007	1569.24	—	986.73	—	408.17	—

续表

年份	北京		天津		河北	
	人均财政经费支出（元/人）	增速（%）	人均财政经费支出（元/人）	增速（%）	人均财政经费支出（元/人）	增速（%）
2008	1785.97	13.81	1204.93	22.11	539.39	32.15
2009	1965.96	10.08	1413.58	17.32	624.58	15.79
2010	2294.79	16.73	1766.81	24.99	714.90	14.46
2011	2576.43	12.27	2231.84	26.32	900.58	25.97
2012	3037.99	17.91	2680.18	20.09	1187.62	31.87
2013	3221.00	6.02	3133.77	16.92	1142.27	−3.82
2014	3448.19	7.05	3408.11	8.75	1176.69	3.01

资料来源：2006～2015 年的《北京统计年鉴》《天津统计年鉴》《河北经济年鉴》《中国统计年鉴》

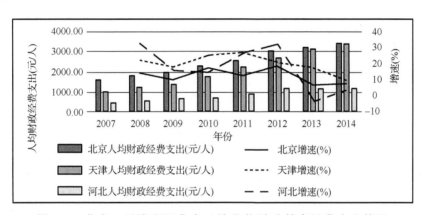

图 5-4　北京、天津和河北省三地公共财政教育经费支出情况

以上分析结果表明，尽管天津和河北省与北京社会发展水平存在一定的差距，但从上述社会发展指标的增速看，天津和河北省，尤其是河北省处于强劲的增长态势中，社会发展势头良好，具有较大的提升潜力和空间。

（二）经济发展状况

结合京津冀经济发展实际，从经济规模、经济结构、经济效益、对

外经济联系四个方面选择 12 个指标对区域经济发展状况进行系统梳理，
具体指标见表 5-4。

表 5-4　京津冀地区经济综合发展水平监测指标体系

一级指标	二级指标	计算公式	指标说明
经济规模	GDP 占全国的比重	—	衡量经济规模与水平
	人均 GDP	—	衡量经济规模与水平
	GDP 增速	（报告期地区 GDP-基期 GDP）/基期 GDP	衡量经济发展速度
经济结构	产业增加值结构比	一产∶二产∶三产	—
	工业增加值占 GDP 比重	—	—
	第三产业增加值占 GDP 比重	—	—
经济效率	投资产出率	GDP/固定资产投资总额	反映固定资产投资的科技水平和投资结构优化情况
	劳动生产率	地区 GDP/全社会劳动者平均人数	反映经济发展方式由数量型向质量型的转变的指标
	单位 GDP 能耗	能源消耗量/GDP	衡量能源使用效率的指标
对外经济联系	进出口总额	—	反映地区经济的国际化程度
	实际利用外资额	—	衡量地区吸引外资的能力和强度
	外贸依存度	进出口贸易总额/GDP	衡量地区经济外向型程度

1．经济规模

一是整体经济规模位于全国前列，但与长三角和珠三角相比总体实力仍不强。如表 5-5 所示，2014 年，京津冀 GDP 为 66478.91 亿元，占全国 GDP 的 10.48%，低于长三角的经济总量，略高于珠三角的经济总量。其中北京市、天津市和河北省的 GDP 占全国比重依次为：3.36%、2.48%、4.64%。2014 年京津冀地区人均 GDP 为 81737 元，高于珠三角人均 GDP（63469 元），低于长三角人均 GDP（84082 元），是全国人均 GDP 水平的近 2 倍。其中北京人均 GDP 99995 元、天津 105231 元，分别为全国平均水平的 2 倍多。

表 5-5　2014 年京津冀主要经济指标比较

地区	GDP（亿元）	占全国 GDP 比重（%）	人均 GDP（元）
北京	21330.83	3.36	99995
天津	15726.93	2.48	105231
河北省	29421.15	4.64	39984
京津冀	66478.91	10.48	81737
长三角	128829.05	20.32	84082
珠三角	67809.85	10.69	63469
全国	634043.40	—	46629

　　资料来源：相关地区国民经济与社会发展统计公报；长三角地区指的是上海、浙江省和江苏省；珠三角地区指的是广东省

　　二是两市一省经济规模均呈连续增长态势，天津后发优势逐步显露，河北经济规模仍相对偏小。如表 5-6 和图 5-5 所示，2005～2014 年间，北京、天津和河北省 GDP 和人均 GDP 均呈连续的稳步增长态势。就 GDP 增速而言，2005～2011 年三地 GDP 均基本保持两位数增长；2012 年开始增速放缓，其中 2014 年最低，北京为 9.37%，天津为 9.44%，河北仅为 3.96%。就人均 GDP 而言，2011 年天津人均 GDP 超过北京，达到了85213 元，此后天津的后发优势逐步显露。河北的人均 GDP 虽呈连续增长态势，但不足北京和天津的 1/2，其中 2014 年人均 GDP 39984 元，且仍低于全国平均水平。如图 5-6 所示。

表 5-6　2005～2014 年京津冀三地经济增长情况

年份	GDP 增速（%）			人均 GDP（元）		
	北京	天津	河北	北京	天津	河北
2005	15.52	25.54	18.10	45993	37796	14659
2006	16.48	14.26	14.55	51722	42141	16682
2007	21.30	17.70	18.65	60096	47970	19662
2008	12.88	27.91	17.65	64491	58656	22986
2009	9.34	11.95	7.63	66940	62574	24581
2010	16.13	22.64	18.30	73856	72994	28668
2011	15.15	22.58	20.23	81658	85213	33969
2012	10.01	14.03	8.39	87475	93173	36584
2013	9.07	11.45	6.50	94648	100105	38909
2014	9.39	9.44	3.96	99995	105231	39984

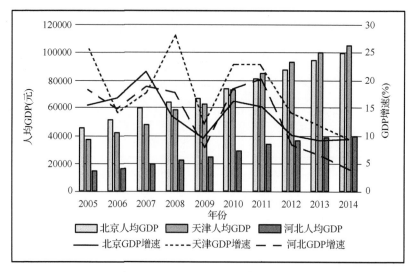

图 5-5　2005～2014 年北京、天津和河北省 GDP 增速和人均 GDP 情况

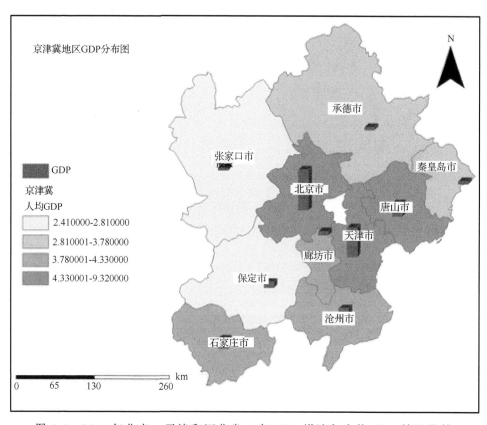

图 5-6　2014 年北京、天津和河北省 8 市 GDP 增速与人均 GDP 情况比较

2. 经济效益

投资产出效率不高。2014 年，京津冀整体投资产出率为 1.59，低于珠三角的 2.79，长三角的 1.67。就京津冀内部而言，从三地的投资产出率的对比分析来看，截至 2014 年年底，北京市的投资产出率远远高于京津冀地区的平均水平，天津市、河北省的投资产出率低于京津冀地区的平均水平，天津市投资产出率仅为北京的 55%，而河北省投资产出率仅为北京的 43%。

劳动生产率稳步提高。2014 年，京津冀地区劳动生产率为 136039 元/人，高于珠三角的 101614 元/人与长三角的 109144 元/人。就区域内部而言，北京市劳动生产率略高于天津市，天津市劳动生产率又高于京津冀的平均值，河北省劳动生产率最低，仅为 67643 元/人（表 5-7）。劳动生产率的高低主要取决于技术进步的状况。数据分析表明，京津冀产业科技含量相对较高。

表 5-7　2013 年京津冀地区经济效益

地区	投资产出率	劳动生产率（元/人）
北京	2.85	173470
天津	1.57	169567
河北	1.22	67643
京津冀	1.59	136039
长三角	1.67	109144
珠三角	2.79	101614

注：投资产出率=地区 GDP/固定资产投资总额
　　劳动生产率=地区 GDP/全社会劳动者平均人数

能源利用效率得到持续提升。就单位 GDP 能耗来看（图 5-7），京津冀地区万元 GDP 能耗均呈现连续下降趋势，但内部之间万元 GDP 能耗差异较大。如 2013 年，北京市万元 GDP 能耗为 0.38，较 2003 年的 1.06 下降 64.15%；天津市为 0.32，较之 2003 年的 1.3 下降 75.38%；河北省为 1.10，较之 2003 年的 2.16 下降 49.07%。

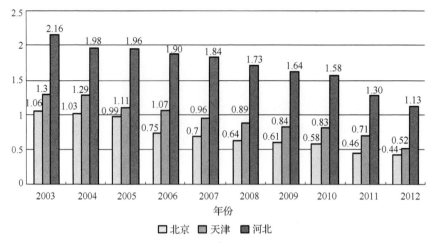

图 5-7 2003~2012 年北京、天津和河北省三地单位生产总值能耗变化

3．对外经济联系

就进出口总额来看（表 5-8），2013 年，京津冀地区进出口总额为 6125.08 亿美元,远远低于长三角的 16987.77 亿美元和珠三角的 10915.70 亿美元；就实际利用外资总额来看，2013 年，京津冀实际利用外资总额 为 320.23 亿美元，超过了珠三角的 249.52 亿美元，但是低于长三角的 642 亿美元，外向型经济整体欠发达。从内部看，2013 年北京市进出口 总额为 4291 亿美元，实际利用外资 85.24 亿美元，外贸依存度 17.85%； 天津市进出口总额为 1285.28 亿美元，实际利用外资 168.29 亿美元，外 贸依存度 46.01%；而河北省进出口总额仅为 548.8 亿美元，实际利用外 资 66.70 亿美元，外贸依存度 8.93%。近年来，天津利用滨海新区的开 放开发机遇，充分利用国家政策支持，吸引外资能力得到强劲提升。河 北省虽然具有紧邻北京和天津的区位优势，但由于自身在产业结构方面 的限制，吸引外资的能力仍然较弱。

表 5-8 2013 年京津冀对外经济联系情况

地区	进出口总额（亿美元）	实际利用外资总额（亿美元）	外贸依存度（%）
北京	4291.00	85.24	17.85

续表

地区	进出口总额（亿美元）	实际利用外资总额（亿美元）	外贸依存度（%）
天津	1285.28	168.29	46.01
河北	548.8	66.70	8.93
京津冀	6125.08	320.23	21.75
长三角	16987.77	642.00	23.26
珠三角	10915.70	249.52	16.34

二、京津冀产业结构与空间布局分析

（一）京津冀产业结构对比

1. 北京已处于后工业化时期，产业主要是以第三产业为主，呈"三二一"型产业结构

第三产业占据绝对优势。按照国际公认的定义，一国的服务业产值占 GDP 的比重超过 50%时，就认为该国已经进入服务经济时代。在 2005～2014 年期间，北京市第一、二产业比重均呈逐步下降趋势，第三产业比重逐步上升，由 2005 年的 69.6%上升到 2014 年的 77.9%，在三种产业中占据着绝对的优势，对经济发展的贡献度最高。国民经济产业比重由 2005 年的 1.3∶29.1∶69.6 演变为 2014 年的 0.7∶21.4∶77.9。如图 5-8、表 5-9、图 5-9 所示。

北京市已形成以金融服务、信息服务、流通服务、商务服务业及科技服务业为主的现代服务业发展格局。具体而言，第三产业中主要以金融业、批发与零售业、信息传输、计算机服务和软件业、租赁和商务服务业、科学研究、技术服务与地质勘查、房地产业等现代服务业为主导，占据整个第三产业产值的 3/4，是北京经济发展的主要引擎（表 5-10、图 5-10）。金融服务、流通服务、信息服务等生产性服务业比重较高，商务服务和科技服务比重相对较低，但近年来呈较为明显的增长态势（图 5-11）。

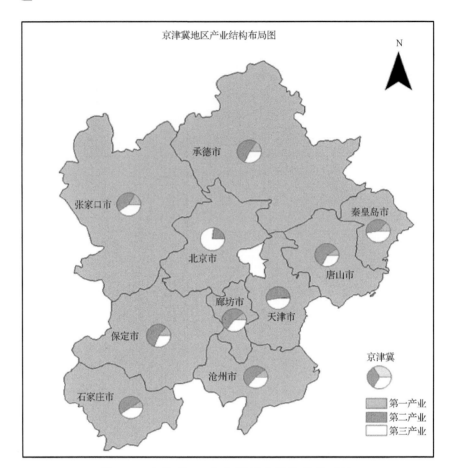

图 5-8 京津冀 10 大主要城市经济结构对比

表 5-9 京津冀国内生产总值结构比例　　　（单位：%）

年份	第一产业			第二产业			第三产业		
	北京	天津	河北	北京	天津	河北	北京	天津	河北
2005	1.3	2.9	14.0	29.1	54.6	52.7	69.6	42.5	33.4
2006	1.1	2.3	12.8	27.0	55.1	53.3	71.9	42.6	34.0
2007	1.0	2.1	13.3	25.5	55.1	52.9	73.5	42.8	33.8
2008	1.0	1.8	12.7	23.6	55.2	54.3	75.4	43	33.0
2009	1.0	1.7	12.8	23.5	53	52.0	75.5	45.3	35.2
2010	0.9	1.6	12.6	24.0	52.4	52.5	75.1	46	34.9
2011	0.8	1.4	11.9	23.1	52.4	53.5	76.1	46.2	34.6
2012	0.8	1.3	12.0	22.7	51.7	52.7	76.5	47	35.3
2013	0.8	1.3	12.4	22.3	50.6	52.1	76.9	48.1	35.5
2014	0.7	1.3	11.7	21.4	49.4	51.1	77.9	49.3	37.2

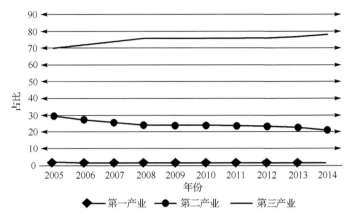

图 5-9 2005～2014 年北京市三次产业结构演变

表 5-10 2014 年北京第三产业内部结构

项 目	绝对值（亿元）	比上年增长（%）	比重（%）
第三产业	16626.3	7.5	77.9
金融业	3310.8	12.3	15.4
批发和零售业	2447.7	5.5	11.5
信息传输、软件和信息技术服务业	2062	11.7	9.7
租赁和商务服务业	1700.2	5.8	8
科学研究和技术服务业	1662.6	11.1	7.8
房地产业	1329.2	−2.2	6.2
交通运输、仓储和邮政业	948.1	6.8	4.4
教育	859	9.7	4
公共管理、社会保障和社会组织	576.9	−2.6	2.7
文化、体育和娱乐业	470.4	1.9	2.2
卫生和社会工作	468.1	10.7	2.2
住宿和餐饮业	381.9	−0.2	1.8
居民服务、修理和其他服务业	162.4	13.2	0.8
水利、环境和公共设施管理业	136	11.4	0.6

资料来源：《北京统计年鉴 2015》

"十二五"时期，金融业增加值超过批发零售业成为经济占比最高的服务业行业；同时，以信息服务、商务服务和科技服务为代表的知识和技术密集型行业发展态势良好，在经济中的占比不断提高，现代服务业格局基本形成。2014 年，金融业、信息服务业、商务服务业和科技服务业增加值占全市经济的比重分别达到 15.4%、9.7%、8%和 7.8%，分别比 2010 年提高 2.5 个、1.2 个、1.2 个和 1.1 个百分点。而批发零售业、交通运输业等传统行业增加值占全市经济的比重分别为 11.5%、4.4%,分别比 2010 年降低 1.9 个和 0.6 个百分点。

与此同时,生产性服务业已成为带动首都经济发展方式转变的重要力量。2014 年,生产性服务业实现增加值 11072.5 亿元,增长 9.3%,占地区生产总值的比重为 51.9%,成为带动首都经济发展方式转变的重要力量、吸纳就业的重要载体和彰显首都服务功能的重要支撑。此外,文化创意产业发展快速。文化创意产业实现增加值 2794.3 亿元,比上年增长 8.4%,占地区生产总值的比重为 13.1%。

高技术制造业、现代制造业成为带动工业增长的主要力量。从高技术产业发展状况来看,2014 年全市高技术制造业和现代制造业增加值占工业的比重分别达到 21.4% 和 46.6%,比 2010 年分别提高 2.7 个和 7.4 个百分点。高技术制造业主要集中在电子及通信设备制造业、医药制造业和医疗设备及仪器仪表制造业。从分行业增加值情况来看,高技术制造业中电子及通信设备制造业占全部高技术产业增加值的比重均为 50% 以上;其次是医药制造业,占比 18%;再次是医疗设备及仪器仪表制造,占比 10.01%;三者占全部高技术产业增加值的比重达 85.12%。从高技术制造业增加值的增长幅度来看,医药制造业的增长势头最为强劲,与 2005 年相比增长率高达 125%。此外,电子及通信设备制造业、航空航天器制造比重呈小幅度增加。医疗设备及仪器仪表制造和电子计算机及办公设备制造业比重有所减小。2005 年和 2014 年北京市高技术产业和现代制造业产值比较如表 5-11 所示。

2. 天津正处于工业化后期的重工业化阶段,以重工业为主要支撑,呈"二三一"型产业结构

由表 5-12 可知,2005~2014 年间,天津第三产业呈快速增长趋势,逐步接近 50%,表现出与第二产业比重持平的态势。就第二产业比重变化而言,以 2008 年为分界线,在 2008 年以前产值比重持续升高,2008

年以后产值比重逐步下降，但变化范围仍集中于 50%～55%，仍保持强劲的发展态势在第二产业中主要以重工业为主，重工业的比重一直保持在 80% 左右，工业发展主要以重工业为主（图 5-10、图 5-11）。而整个产业中的第一产业的比重较少且呈现出逐渐弱的趋势，到 2014 年第一产业的比重仅为 1.3%。国民经济产业结构一直保持"二三一"的结构。以上分析表明工业仍然是天津经济发展的主要支撑力，而以流通和服务为代表的第三产业正成为新的动力。

表 5-11　2005 和 2014 年北京市高技术产业和现代制造业产值比较

行　业		2005 年		2014 年	
		产业增加值（亿元）	比重（%）	产业增加值（亿元）	比重（%）
高技术制造业	总计	400.8	—	3715.9	—
	信息化学品制造	1.1	0.27	4.9	0.13
	医药制造业	49.7	12.40	669.0	18.0
	航空航天器制造	17.7	4.42	178.4	4.80
	电子及通信设备制造业	214.8	53.59	2122.2	57.11
	电子计算机及办公设备制造	65.3	16.29	369.3	9.94
	医疗设备及仪器仪表制造	52.0	12.97	372.1	10.01

资料来源：《北京统计年鉴 2006》《北京统计年鉴 2015》

表 5-12　2005～2014 年天津市三次产业结构演变　　　（单位：%）

年份	第一产业	第二产业			第三产业
		总体	其中：重工业占比	轻工业占比	
2005	2.9	54.6	78.1	21.9	42.5
2006	2.3	55.1	81.3	18.7	42.6
2007	2.1	55.1	81.3	18.7	42.8
2008	1.8	55.2	83.2	16.8	43
2009	1.7	53	82.9	17.1	45.3
2010	1.6	52.4	83.6	16.4	46
2011	1.4	52.4	82.6	17.4	46.2
2012	1.3	51.7	80.5	19.5	47
2013	1.3	50.6	78.5	21.5	48.1
2014	1.3	49.4	—	—	49.3

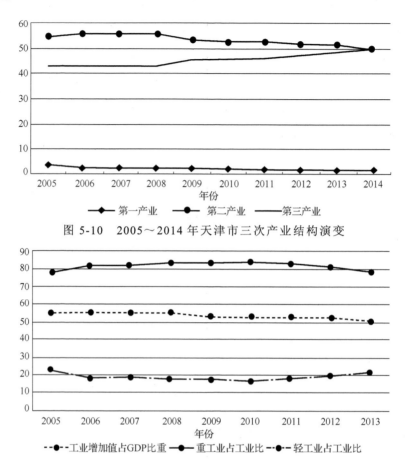

图 5-10 2005～2014 年天津市三次产业结构演变

图 5-11 2005～2013 年天津市工业结构演变

目前天津市工业已形成航空航天、石油化工、装备制造、电子信息、生物医药、新能源新材料、轻纺、食品饮料、冶金等为代表的优势产业和支柱产业。其中 2013 年航空航天、石油化工、装备制造、电子信息、生物医药、新能源新材料、轻纺等七大优势产业实现工业总产值 23613.06 亿元，占规模以上工业比重的 89.67%，主营业务收入 23996.85 亿元，占规模以上工业主营业务收入的 89.55%，利税总额 3278.10 亿元，占规模以上工业利税总额的 88.22%（表 5-13）。从分行业的总产值情况来看，装备制造业的产值规模最大。其次是石油化工、轻纺和电子信息。

表 5-13　2013 年天津优势产业的主要经济指标　　　（单位：亿元）

优势产业	工业总产值	主营业务收入	利税总额
航空航天	474.18	445.20	42.44
石油化工	3778.03	3782.21	955.00
装备制造	10038.57	10483.34	1119.49
电子信息	3552.07	3512.18	428.64
生物医药	1047.35	1084.73	264.89
新能源新材料	1219.85	1235.68	91.09
轻纺	3503.00	3453.50	376.57
总计	23613.06	23996.85	3278.10

高技术产业以电子信息和光机电一体化产业为主。2013 年，高新技术产业完成工业总产值 8137.84 亿元，增长 16.5%，占规模以上工业的 30.8%。从高技术产业分行业发展情况来看，光机电一体化规模最高。2013 年光机电一体化产业工业总产值、主营业务收入、利税总额占规模以上工业总产值的比重分别为 33.17%、32.48% 和 27.72%。其次是电子信息产业，其工业总产值、主营业务收入、利税总额占比分别为 29.45%、29.15% 和 28.57%。电子信息产业和光机电一体化产业所占工业比重达 70% 以上，表明高技术产业主要以电子信息产业和光机电一体化产业发展为主（表 5-14、表 5-15）。从分行业相关指标的增长情况看（表 5-15），光机电一体化、航空航天、生物技术和医药、新材料所占比重加大，其中光机电一体化增幅最大，而电子信息比重下降。此外，半导体照明、高性能计算机、新能源汽车、信息安全等高新技术产业从无到有，成为天津市战略性新兴产业的一批新增长点和发展引擎。

表 5-14　2005～2013 年天津高技术产业主要经济指标　　　（单位：%）

高技术产业	2005 年			2013 年		
	工业总产值	主营业务收入	利税总额	工业总产值	主营业务收入	利税总额
电子信息	1682.37	1728.45	157.13	2449.83	2456.21	299.65
航空航天	2.2	2.3	0.51	411.20	418.72	70.71

续表

高技术产业	2005 年			2013 年		
	工业总产值	主营业务收入	利税总额	工业总产值	主营业务收入	利税总额
光机电一体化	172.86	177.85	16.77	2759.30	2737.28	290.76
生物技术和医药	163.85	207.25	33.52	1045.53	1083.54	264.69
新材料	61.44	64.74	2.35	751.31	848.76	47.70
新能源和节能材料	58.41	57.54	4.00	864.80	847.81	71.72
环境保护	0.24	0.22	0.02	35.87	34.92	3.54
总计	2141.37	2238.35	214.3	8317.84	8427.24	1048.77

表 5-15　2013 年天津高技术产业主要经济指标占比　　（单位：%）

高技术产业	2005 年			2013 年		
	工业总产值比重	主营业务收入比重	利税总额比重	工业总产值比重	主营业务收入比重	利税总额比重
电子信息	78.57	77.22	73.32	29.45	29.15	28.57
航空航天	0.10	0.10	0.24	4.94	4.97	6.74
光机电一体化	8.07	7.95	7.83	33.17	32.48	27.72
生物技术和医药	7.65	9.26	15.64	12.57	12.86	25.24
新材料	2.87	2.89	1.10	9.03	10.07	4.55
新能源和节能材料	2.73	2.57	1.87	10.40	10.06	6.84
环境保护	0.01	0.01	0.01	0.43	0.41	0.34

3. 河北省处于工业化的中期，以传统的高耗能重工业为主，呈"二三一"型产业结构，第三产业发展缓慢

由图 5-12 可知，2005～2014 年间，第二产业比重总体呈现上升趋势。2014 年第二产业中工业增加值占 GDP 比重 51.1%，其中重工业是河北省经济发展的主要支撑力。第三产业呈现出逐步增长趋势，但增长极为缓慢，基本维持在 35% 左右，10 年间增长 11.38%。第一产业比重呈逐渐下降趋势，但变化幅度并不明显，从 2005 年到 2014 年变化幅度小于 1 个百分点，基本维持在 12% 左右（表 5-16）。以上分析表明河北具有良好的工农业生产条件，资源分布广泛，体系完整。

表 5-16　2005～2014 年河北省三次产业结构演变

年份	第一产业	第二产业	第三产业
2005	14.0	52.6	33.4
2006	12.7	53.3	34.0
2007	13.3	52.9	33.8
2008	12.7	54.3	33.0
2009	12.8	52.0	35.2
2010	12.6	52.5	34.9
2011	11.9	53.5	34.6
2012	12.0	52.7	35.3
2013	12.4	52.1	35.5
2014	11.7	51.1	37.2

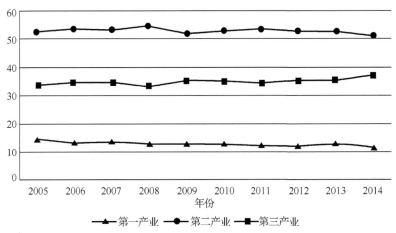

图 5-12　2005～2014 年河北省三次产业结构演变

河北工业发展仍以传统的高耗能重工业为主。2013 年，河北省实现工业增加值 13194.8 亿元，比上年增长 9.4%。其中，规模以上工业增加值 11711.1 亿元，增长 10.0%。从轻重工业看，轻工业占比 21.74%，重工业占比 78.26%，轻重工业比重约为 1:4，重工业发展特征明显。从工业的分行业来看，黑色金属冶炼和压延加工业，电力、热力生产和供应业，黑色金属矿采选业，石油加工、炼焦和核燃料加工业，化学原料和化学制品制造业等高耗能行业在工业产值占据主要地位（表 5-17）。

表 5-17　2013 年按行业分规模以上部分工业企业情况

行　业	企业单位数（个）	工业总产值（亿元）	产值占比（%）
全省总计	13968	46316.66	—
黑色金属冶炼和压延加工业	765	11974.36	25.85
电力、热力生产和供应业	293	2869.04	6.19
黑色金属矿采选业	791	2704.51	5.84
金属制品业	1211	2439.38	5.27
化学原料和化学制品制造业	938	2377.01	5.13
石油加工、炼焦和核燃料加工业	149	2126.50	4.59
农副食品加工业	750	2088.36	4.51
非金属矿物制品业	1219	1936.79	4.18
汽车制造业	441	1796.93	3.88
电气机械和器材制造业	701	1760.14	3.80
纺织业	771	1610.64	3.48
煤炭开采和洗选业	190	1344.84	2.90
专用设备制造业	749	1293.64	2.79
通用设备制造业	874	1257.23	2.71
皮革、毛皮、羽毛及其制品和制鞋业	521	1166.16	2.52

目前，河北已形成钢铁、装备制造、纺织、建材、石化、电子信息、生物制药、新能源装备、汽车制造等优势工业产业。2013 年规模以上工业中，装备制造业增加值比上年增长 14.5%，占规模以上工业的比重为 19.2%，同比提高 1.2 个百分点；钢铁工业增长 10.1%；石化工业增长 4.9%；医药工业增长 8.7%；建材工业增长 7.6%；食品工业增长 7.6%；纺织服装业增长 14.2%。

此外，战略性新兴产业发展与高新技术产业保持了良好的发展势头。高新技术产业以高端装备制造、电子信息、新材料、生物制药和新能源五大重点领域为主。2013 年，全省规模以上高新技术产业共完成增加值 1384.9 亿元，占全部规模以上工业的 11.8%，同比增长 14.2%，高于规模以上工业 4.2 个百分点；实现主营业务收入 6016.4 亿元，增长 12.8%；利润总额 389.0 亿元，增长 20.7%。但是，与北京和天津存在一定的差距（表 5-11、表 5-15）。在高新技术产业中，高端装备制造、新材料、电子信息、生物制药和新能源五大重点领域共完成增加值 1363.8 亿元，占高新技术产业的 98.5%。从增速来看，五大领域中电子信息和高端装备制造两个领域增长较快。其中，电子信息领域实现增加值 180.1 亿元，增长 22.0%，增速高于全省平均水平 7.8 个百分点；高端装备制造领域实现增加值 676.5 亿元，增长 16.3%，高于全省平均水平 2.1 个百分点。

（二）京津冀产业空间布局

1. 北京产业空间布局

2014 年，国家赋予北京市四大核心功能，即"全国政治中心、文化中心、国际交往中心、科技创新中心"，因此北京的产业空间布局必须要符合四大核心功能定位。

一是制造业向郊区转移、向园区集聚，工业空间布局进一步优化。北京市工业空间布局不断优化，首都功能核心区凸显"总部经济"特征，高端制造业向郊区集聚趋势明显。2014 年，城六区制造业增加值占全市制造业的比重为 25.9%，比 2006 年降低 22.2 个百分点。城市发展新区是北京现代制造业的重要集聚区。2014 年，城市发展新区的制造业实现增加值 1842.7 亿元，为 2006 年的 2.6 倍，占全市规模以上制造业的 65.3%，比 2006 年提高 19 个百分点。在城市发展新区中，顺义区和北京经济技术开发区实现制造业增加值共占规模以上制造业的 42.8%，比 2006 年提高 13.6 个百分点，成为领跑全市工业增长的重要区域。工业企业向郊区转移的同时，进一步向产业园区集聚。2014 年中关村示范区共有规模以上工业企业 1664 家，占全市规模以上工业总数的 45.1%，比 2006 年提高 21.1 个百分点。中关村工业企业 2014 年实现主营业务收入 10007.4 亿元，占全市规模以上工业主营业务收入的 50.6%，比 2006 年提高 14.5 个百分点。

二是六大高端产业功能区集聚效应显著。如表 5-18 所示，北京市已初步形成北京中关村国家自主创新示范区、北京经济技术开发区、金融街、CBD（商务中心区）、奥林匹克中心区、临空经济区六大高端产业功能区的产业布局，产业集聚效应、规模效应凸显。"十二五"时期，围绕产业集聚、人才集中、资源集约和功能集成，六大高端产业功能区（以下简称"六高"）的集聚能力以及经济带动力不断增强，特别是高技术制造业和信息、科技等服务业集聚带动作用显著。2014 年末，"六高"规模以上法人单位占全市的 25.5%，较 2010 年末提高 3.7 个百分点；2014 年实现增加值 9817 亿元，占全市地区生产总值的比重达到 46%，较 2010 年提高 6 个百分点；规模以上高技术制造业、信息服务业和科技服务业分别实现收入 4070.7 亿、5045.1 亿元和 4255.6 亿元，占全市规模以上高技术制造业、信息服务业和科技服务业收入的比重分别达到 96.4%、86.3%和 61.2%。与此同时，重点功能区核心产业更为集聚，金融街的金融业、CBD 的商务服务业、中关村的科技及信息服务业等成为各功能区的中坚力量。

表 5-18　北京六大高端产业功能区基本情况汇总

产业功能区	产业基础及产业发展方向	性质定位
中关村科技园区	软件、集成电路、计算机、网络、通信等	中国知识创新中心、技术研发基地和科技成果转化基地
北京经济技术开发区	巩固提高电子信息、生物医药、装备制造、汽车制造四大主导产业，支持培育航空航天、新能源和新材料三大新兴产业，配套发展生产性服务业、科技创新服务业、都市产业三大支撑产业	国家级战略性新兴产业集聚区和首都高技术制造业核心区
北京商务中心区（CBD）	主要发展总部经济、科技服务、商务服务、金融服务、文化创意等	北京国际交往的重要窗口、中国与世界经济联系的重要节点和总部经济与现代服务业发展基地
临空经济区	电子信息、航空航天、汽车制造、装备制造、电子信息等高新技术产业和现代制造业，国际商贸、国际商务、国际会展、科技金融等现代服务业	打造临空经济区，建设世界空港城
金融街	—	国家的金融决策监管中心、金融资产管理中心、金融信息汇聚中心和国际交往中心
奥林匹克中心区	体育、文化休闲、会议会展等	—

三是文化创意产业功能区成为首都创新发展新载体。近年来，北京市文化创意产业功能区发展态势良好，单位数量不断增长，规模效益日益凸显，成为首都创新发展的新载体。数据显示，截至 2014 年底，全市 20 个功能区内共有文化创意产业法人单位 7.4 万家，占全市文创法人单位数量的 50.8%，全年实现收入 9422.4 亿元，占全市文创法人单位总收入的 67.3%。从空间分布看，功能区文创单位主要集中在中心城区，其中海淀区和朝阳区的文创产业单位占比较高。此外，文化创意产业功能区具有丰富的文化和科技资源，规模效益明显。2014 年，功能区内的 4853 家规模以上文化创意产业法人单位实现收入 8158.8 亿元，在全市规模以上文创法人单位收入中的占比高达 69.1%。其中，区内规模以上文创法人单位中收入超过十亿元的单位有 132 家，实现收入 4305.6 亿元，同比增长 19%，占功能区规模以上文创产业总收入的 52.8%。在各功能区中，文化科技融合示范功能区、CBD-定福庄国际传媒产业走廊功能区、动漫网游及数字内容功能区位列收入前三位，分别实现收入 4288 亿元、999.1 亿元和 560.4 亿元，同比分别增长 12.9%、7.4% 和 62.5%。同时，在就业方面，文创功能区凭借其优质的资源、浓厚的创意氛围及良好的发展环境，吸引了各类文化创意产业管理和经营人才，有力地促进了我市文创人才的就业。2014 年底，功能区文化创意产业法人单位从业人员达到 119.9 万人，占全市文化创意产业从业人员的 67.3%，文化人才不断集聚。其中，功能区规模以上文化创意产业法人单位从业人员达 77.4 万人，同比增长 0.1%。

2014 年，北京市紧紧围绕全国文化中心定位，创新提出规划建设文化创意产业功能区的战略构想。文化创意产业功能区规划形成"一核、一带、两轴、多中心"的功能区空间发展格局和与之相适应的"两条主线带动，七大板块支撑"的功能区产业支撑体系，着力建设 20 个文化创意产业功能区，规划面积共计 441.56 平方公里。"一核、一带、两轴、多中心"的空间发展格局，一核：是以首都功能核心区为空间载体的"中心城文化核"，涵盖了集聚文化创意产业高端环节的主要功能区。一带：

是指以中关村海淀园和石景山园为核心，向东延伸至朝阳电子城，向南延伸至丰台科技园、大兴国家新媒体产业基地和亦庄经济开发区的"文化科技融合带"，是北京市高新技术产业最为密集、教育科研资源最为丰富的区域。两轴：按照北京城市总体规划确定的城市空间拓展方向，推进功能区点轴扩散、东进南拓，形成沿长安街延伸的东西轴和沿城市中轴线的南北轴。其中，东西轴是北京文化创造产业轴，西至动漫网游及数字内容功能区，东至 CBD-定福庄国际传媒产业走廊功能区，是北京充分利用创新和创意，面向世界创造文化创意产品的主要轴线；南北轴是北京文化服务产业轴，北至未来文化城功能区，南至创意设计服务功能区，是北京服务市民文化娱乐消费、服务相关产业转型升级的主要轴线。多中心：是以功能区和分片区为中心，辐射带动周边区域文化创意产业整体发展和文化内涵提升的重要节点。

"两条主线带动，七大板块支撑"的功能区产业支撑体系（图 5-13）。"两条主线"指的是文化科技融合、文化金融融合两大主线，重点规划建设文化科技融合示范功能区、动漫网游及数字内容功能区、文化金融融合功能区。"七大板块"指的是文化艺术、传媒影视、出版发行、设计服务、文化交易、会展活动、文化休闲七大板块，包括天坛-天桥核心演艺功能区、CBD-定福庄国际传媒产业走廊功能区等 17 个功能区。2014年，北京市计划率先启动天竺文化保税功能区、CBD-定福庄国际传媒产业走廊功能区、北京国家数字出版基地等重点功能区和分园区建设。

四是中关村成为北京乃至我国最具特色和活力的创新中心、高新技术产业发展引领区、首都经济发展的强大引擎。 首先，产业规模加速增长，对首都经济增长贡献超三分之一。2013 年，中关村实现增加值 4227.7亿元，同比增长 15.9%，对全市经济增长的贡献率达 35.8%，占全市地区生产总值的比重达 21.7%，比上年提高 1.3 个百分点。2013 年，中关村实现总收入 3.05 万亿元，规模是批复前 3 倍，年均复合增长率达 24.4%。从全国高新区发展情况看，中关村总收入占 115 个国家级高新区总收入的比重增至 15.3%，总收入规模超过位列 2～5 位的高新区总收入之和。
如图 5-14 和表 5-19 所示。

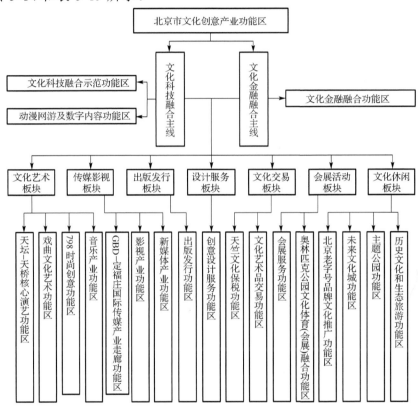

图 5-13　北京市文化创意产业功能区产业支撑体系

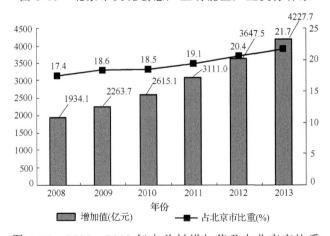

图 5-14　2008～2013 年中关村增加值及占北京市比重

表 5-19　2008～2013 年北京中关村自主创新示范区总收入

年份	总收入（亿元）
2008	10222
2009	13005
2010	15940
2011	19646
2012	25025
2013	30500

其次，战略性新兴产业集群日益壮大，现代服务业支撑示范区创新发展。中关村"六大优势产业"和"四大潜力产业"继续保持良好发展态势，整体实力不断增强。如表 5-20 所示，2013 年，"6+4"战略性新兴产业集群实现总收入 19820.2 亿元，同比增长 17.0%，占中关村总收入的 65%；实现利润 1454 亿元，同比增长 16.2%；六大优势产业集群中，除卫星应用集群规模较小外，其余 5 大产业集群的收入规模均超过千亿。以科学研究和技术服务、租赁和商务服务业等为代表的现代服务业对中关村支撑作用明显，2013 年，中关村现代服务业实现收入 19787.2 亿元，占中关村总收入六成以上，同比增长 18.8%，对中关村经济增长的贡献率为 57.2%。

表 5-20　2013 年中关村"6+4"战略性新兴产业集群总收入

六大优势集群	下一代互联网	移动互联网和新一代移动通信	卫星	生物	节能	节能
总收入（亿元）	2821.3	4355.7	307.9	1649.5	2562.9	1325.8
四大潜力集群	集成电路	新材料	新能源和新能源汽车		高端装备与通用航空	
总收入（亿元）	532.8	2666.1	1378.0		2220.3	

注：六大优势产业和四大潜力产业集群为"中关村战略性新兴产业引领工程"重点支持领域

此外，潜力企业持续涌现，领军企业引领作用不断增强，总部型特征明显。创新创业企业成长潜力凸显。近年来，中关村新创办科技型企业逐年增加，2013 年新创办科技型企业更是增长至 6000 家，新创办科技型企业数连续三年超过 4000 家。2013 年，中关村全年收入增长率超过 100%（简称"收入倍增企业"）的规模以上企业共 487 家。2013 年，中关村瞪羚企业创新能力不断增强，其中重点瞪羚企业创新投入强度（企业科技活动经费支出总额/总收入）达 8.1%，是中关村总体水平的 2.1 倍。同时，中关村越来越多的高成长性企业普遍得到社会高度认可，2013 年，中关村共有 8 家企业成功入选"2013 亚洲中小上市企业 200 强榜单"，实现销售收入 16.2 亿美元；共有 7 家企业入选"最受赞赏中国公司"榜单，其中百度连续四年位居榜单前三甲，成立仅三年的小米科技成功登上当年的全明星榜单，成为本榜单有史以来最年轻的上榜公司。**领军企业市场主导地位持续增强**。2013 年，中关村全年收入超过亿元的企业首次突破 2000 家，达到 2362 家（图 5-15），越来越多的高成长性企业新晋跻身"百亿企业俱乐部"。2013 年，426 家"十百千工程"培育企业在中关村实现收入约 1.3 万亿元，占中关村总收入的 42%。2013 年，中关村上市企业总市值再创新高，首次突破 2 万亿元大关，达 2.04 万亿元；企业合并报表收入达 1.45 万亿元，连续三年保持在万亿元以上。

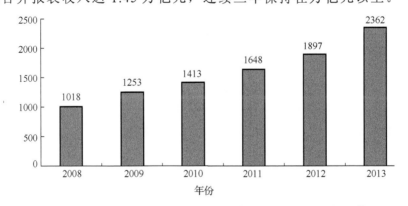

图 5-15　2008～2013 年中关村年收入超过亿元的企业数

2．天津市产业空间布局

在京津冀协同发展规划纲要中，天津市被定位于"全国先进制造研发基地、北方国际航运核心区、金融创新运营示范区、改革开放先行区"四大功能。目前，天津市初步构建起了以战略性新兴产业为先导、高新技术产业为引领、优势主导产业为支撑的现代工业体系，产业结构不断呈"高端化、高质化、高新化"趋势。

一是天津滨海新区经济提质增效，打造"一核两翼"产业发展新格局。重点发展航空航天产业、电子信息产业、装备制造产业、石油和化工产业、新能源新材料、生物医药产业、金融产业和轻工纺织产业八大优势主导产业和战略新兴产业，打造"一核两翼"产业发展新格局。天津滨海新区包括先进制造业产业区、临空港产业区、滨海高新技术产业开发区、临港工业区、南港工业区、海港物流区、滨海旅游区、中新天津生态城、中心商务区九大产业功能区（表5-21）和世界吞吐量第五位的综合性贸易港口——天津港。近年来，天津滨海新区紧紧抓住纳入国家总体战略布局的历史机遇，以建设大项目、好项目为重点，加速推进工业产业结构调整，加快功能区开发建设，加大科技创新和技术改造力度，促进发展方式转变，提升了新区工业综合竞争力，工业经济持续快速健康发展。2015年以来，滨海新区投资促进中心推动近1000个项目落地，注册资金5000万元以上的项目近200个，吸引世界目光关注滨海新区，经济质量效益不断提升。滨海新区"一核两翼"中的"一核"，是指滨海核心区，这里将重点发展商业服务、现代金融、科技研发等现代服务产业，承接高端项目，提升先进制造业层级；"两翼"中的北翼指汉沽地区，重点发展旅游、环保、健康等都市型产业；南翼指大港地区，重点发展石化、冶金、纺织等产业，打造世界一流石化产业基地。"十二五"期间，新区累计实施1亿元以上重大项目2000多个，大项目好项目成为支撑区域未来发展的希望。"十三五"期间，新区将精心谋划一批重大项目和工程，围绕建设全国先进制造研发基地、北方国际航运核心区和金融创新运营示范区，使先进制造业占规模以上工业总产值比重达到70%以上，服务业占地区生产总值比重达到40%，金融业增加值占地区生产总值比重达到10%。

表 5-21 滨海新区九个功能区基本信息汇总

产业功能区	产业园区	产业基础及产业发展方向	性质定位
先进制造业产业区	天津经济技术开发区（包括东区和西区）、塘沽海洋高新技术开发区、海河下游石油钢管和优质钢材深加工区	电子信息、汽车和装备制造、石油钢管和优质钢材、生物技术与现代医药、新型能源和新型材料等	服务和带动环渤海地区产业升级的现代制造业和研发转化基地
临空产业区	天津滨海国际机场、空港物流加工区、民航科技产业化基地等	航空物流、民航科技产业、临空会展商贸、民航科教	现代化生态型产业区、总部经济聚集区
滨海高新技术产业开发区	—	绿色能源、生物医药、航空航天产业、高端信息制造业、现代服务业等	自主创新的领航区、国际一流的高新技术研发转化基地、高新技术产业和高端人才聚集中心、绿色宜居的生态科技城
临港工业区	临港工业区（一期）、港口功能区、临港产业集聚区、物流功能区	石油化工成套设备、造修船和海洋工程、交通运输设备和港口机械、风力发电及输变电设备等重型装备制造业	—
南港工业区	—	石油化工、冶金钢铁、重型装备制造、港口物流	世界级重化工业为核心
海港物流区	天津港、天津保税区和东疆保税港区	海洋运输、国际贸易、现代物流、保税仓储、分拨配送及与之配套的中介服务业	货物能源储运、商品进出口保税加工和综合性的国际物流基地
中心商务区	于家堡金融商务区、响螺湾商务区和开发区商务区	金融、保险、商务商贸、文化娱乐、会展旅游等	环渤海地区金融中心、国际贸易中心、信息服务中心、国际性文化娱乐中心，高品质的国际化生态宜居城区
滨海旅游区	—	主题公园娱乐游、海上娱乐休闲游、海上休闲度假游、海上高端商务游、生态湿地休闲游、海上健身游等	休闲娱乐
中新天津生态城	—	现代服务业	—

二是新型工业化产业示范基地已经成为全市优势支柱产业和战略性新兴产业发展的主要载体、带动工业转型升级的重要力量。2013年，新授牌的滨海高新区软件和信息服务产业基地、北辰经济技术开发区装备

制造产业基地，加上原先的天津经济技术开发区汽车产业基地、天津经济技术开发区电子信息产业基地、滨海新区石油化工产业基地、空港经济区航空产业基地、子牙循环经济产业区资源综合利用基地、临港经济区装备制造产业基地，这8家国家新型工业化产业示范基地（表5-22）主体园区工业总产值达到1.4万亿元，占全市工业的50%左右。示范基地的产业创新能力持续增强，每年这些基地的研发投入占销售收入比重平均达2%以上，国家基地已建成150余家市级以上企业技术中心和研发机构，2013年企业发明专利数量比上年增长13.7%，北辰装备制造产业基地的天津工程机械研究院技术平台项目纳入国家工信部"工业强基"行动计划支持。

表 5-22　天津市"国家新型工业化产业示范基地"情况汇总

产业示范基地	产业基础及产业发展方向
天津经济技术开发区汽车产业基地	零部件制造、研发创新、汽车服务业、新能源汽车等
滨海新区石油化工产业基地	油（头）—化（身）—轻纺（尾）等
空港经济区航空产业基地	航空制造产业以及航天制造及应用产业
天津经济技术开发区电子信息产业基地	通信设备、新型消费电子、新型元器件、TFT-LCD、汽车电子和光电器件等
子牙循环经济产业区资源综合利用基地	循环经济
临港经济区装备制造产业基地	装备制造、粮油加工、口岸物流
北辰经济技术开发区装备制造产业基地	装备制造、生物医药、汽车配件、食品饮料、机电制造、橡胶制品、现代物流和新能源八大产业集群，构建起高端装备制造、新能源新材料、原始创新、新闻出版技术装备四大产业基地
滨海高新区软件和信息服务基地	数据库管理与云服务、行业应用软件、软件服务外包、数字内容

三是依托天津自贸区重点发展金融服务、航运服务、商贸服务、专业服务、文化服务、社会服务等现代服务业和装备制造、新一代信息技术等先进制造业。2014年12月15日，长江以北地区唯一的国家级自贸区——"中国（天津）自由贸易试验区"正式获得国务院批准成立，园区范围涉及天津滨海国际机场（空港物流）片区、滨海新区中心商务区片区和天津港（东疆保税港）片区三个功能区，总面积119.9平方公里。

构成天津自贸区的三个片区，均是天津新一轮城市空间规划高起点规划定位、重点设计和重点建设的经济功能区，与滨海新区核心功能区高度重合，也是"双城双港"空间布局的重要组成部分。其中，**天津港东疆片区**将重点发展以国际商品展示交易、分拨配送、总部结算、贸易便利化平台建设为主的国际贸易业；以租赁、离岸金融、邮轮经济等为重点的现代航运服务产业；以分拨、配送、仓储、运输为主的现代物流业；以期货保税交割、跨境电子商务、保税展示交易为重点的新兴业态和平台经济。**天津机场片区（空港经济区）**将重点发展航空航天、装备制造、新一代信息技术、生物医药等高端制造业，研发设计、创新金融、专业中介等生产性服务业；其中，航空物流区重点发展航空物流、电子商务、快递服务、航空金融等现代服务业，海港保税区重点发展国际贸易、现代物流和展览展示等现代服务业，依托港口功能的加工制造业。**滨海新区中心商务片区**将构筑以金融创新为龙头，科技和信息技术、专业服务、商贸服务和社会服务为支撑的现代产业体系。其中，于家堡金融区以金融创新为核心，重点发展创新型金融机构，着力发展保理、租赁、基金、支付结算、要素市场、资产管理、票据经纪等创新型金融业态，发展集大型超市、国际购物中心、世界名品旗舰店、步行街等多重业态为一体的商业中心；响螺湾商务区以发展服务贸易为核心，重点发展企业总部、研发中心和为国际贸易提供交易、信息、会计、法律、咨询服务的中介机构，聚集教育、医疗、养老、餐饮、娱乐等生活性服务业态。

3．河北省产业空间布局

河北省从综合区划这一层次上，一般化分为 5 个相对独立的经济区，即冀中区、冀东区、冀南区、冀北区、京津周围区。冀中区包括石家庄、沧州、衡水三市和保定市大部分。其中石家庄的医药、纺织、电子、机械产业占有重要地位，沧州是全国著名的新兴化工业基地，保定拥有中国最大的感光材料生产企业——乐凯集团，第一座现代化化纤联合企业——天鹅化纤集团，以及最大的高频变压器生产企业——保定晶科变压器有限公司。冀东区包括唐山、秦皇岛两市，**处于环渤海海湾一线开放区**，是我国传统的重化工工业基地。其中，唐山市基本形成了能源、冶金、建材、陶瓷为主的工业体系，是全国重要的能源、冶金、建材基地。秦皇岛市建材业、旅游业为其支柱产业，同时正在大力发展海洋产业、石油化工、盐化工等临港产业。冀南区包括邯郸、邢台。其中，邯郸是重要的煤炭基地和火力发电基地，钢铁工业和建材工业发达。邢台的非金属资源丰富，建材、冶金、机械、轻工占有一定的地位。冀北区包括张家口、承德，有色及贵金属、畜牧、林果、旅游资源丰富，采掘和冶炼业、畜产品、农产品加工和特色旅游占有一定的地位。京津周围区包括廊坊市和保定市北部，该区处于北京、天津两大城市的强辐射下，一体化进程在加快，城郊农业、补充配套性工业和服务型第三产业为发展重点。

在京津冀协同发展规划纲要中，河北省被定位于"全国现代商贸物流重要基地、产业转型升级试验区、新型城镇化与城乡统筹示范区、京津冀生态环境支撑区"四大核心功能。因此，在"十三五"期间，**重化工业和临港型、加工贸易型产业向唐山、沧州沿海聚集。**需要借助海港"大进大出"的产业，如钢铁、炼油、化工、石材加工、大型设备制造等产业，正在曹妃甸开发区、唐山海港开发区、沧州临港开发区聚集，在这些园区分别形成了"化工园区""生物医药产业园区""石材加工产业园区""装备制造园区"等（表5-23）。**战略性新兴产业和高新技术产业向廊坊、秦皇岛及其他环首都地区聚集。**秦皇岛开发区、廊坊开发区、燕郊开发区、固安开发区吸引了中科院、中关村、北大、清华等一大批科研单位、高科技园区、高校的分支机构或企业，发展起大数据、电子信息、航空航天高端装备制造、生物医药等新兴产业。**传统产业和装备制造业向冀中南和冀东地区聚集。**冀中南和冀东地区拥有良好的工业技术基础和产业工人队伍，在机械制造业、化工、建材、医药、家电、食品、纺织等方面具备传统优势，吸引京津相关行业和企业开展合作或入驻的大势和格局正在形成。**大型批发市场和现代服务业向毗邻首都地区扩散**。北京的若干个大型批发市场、医院、学校，由于吸引人口流量巨大，成为被疏解和分散的对象。目前，包括大红门服装批发市场、动物园服装百货批发市场、新发地农产品批发市场等的批发市场商户，正在向河北保定的高碑店、白沟和廊坊的永清等地逐步迁移。301 医院正在保定涿州建设后勤服务基地。中国地质大学、北京交通大学、北京城市学院、北京林业大学、北京中医药大学等一批大学已在保定、廊坊和沧州的园区建立分院，北京大学在邯郸开发区设立了北京大学邯郸创新研究院。今后可能会有更多的北京的大学到河北建设分院甚至可能搬迁到河北。

表 5-23　沿海经济隆起带八大功能区

产业园区	现有产业	规划产业	园区性质定位
秦皇岛北戴河新区	设备制造业、金属制品业、旅游业、农业、总部经济、高新技术、会展业	科技研发、工业设计、信息服务外包、总部经济等产业	环渤海地区重要的生产性服务业基地
秦皇岛经济技术开发区	临港重大装备制造业、绿色粮油食品加工业、汽车零配件	北方沿海先进制造业基地、高新技术产业基地、现代物流基地和全球首家数据产业基地	全省一流的开发区、全国闻名的特色产业园区
唐山曹妃甸新区	物流、钢铁、石化、装备制造、电力、海水淡化、建材	精品钢铁、装备制造、石油化工、新型建材和高新技术	我国重要的大型钢铁基地、化工基地、临港装备制造基地和高新技术产业基地
乐亭新区	精品钢铁、精细煤化工、装备制造、港口物流、新型能源、滨海旅游	以中（宽）厚板级造船用型钢为主的钢铁生产	千万吨造船用钢基地
丰南沿海工业区	卫生陶瓷生产、装备制造、钢铁产业	以板材和异型材等产品为重点的钢铁产业、精品陶瓷	全国最大的卫生陶瓷生产基地
芦汉新区	自行车及零部件、五金柜具、钢木家具、新型散热器、机电产品等	高新技术产业、自行车工业、五金制品工业	曹妃甸新区和天津滨海新区辐射的承接区

续表

产业园区	现有产业	规划产业	园区性质定位
沧州渤海新区	石油化工、装备制造、电力能源、港口物流	石油化工、装备制造和特种钢铁产业	我国北方最大的化工产业基地和特种钢生产基地
冀中南工业集聚区	—	石油化工、钢铁制造、港口物流和电力能源	新兴产业基地、先进制造业基地

三、京津冀产业发展的同质性与异质性分析

（一）宏观层面的产业结构同质性与异质性分析

运用产业结构相似系数对2003～2012年京津冀三省市37个制造业行业产业相似度进行测算，结果显示（表5-24）：2003～2006年，京津产业结构相似系数较高，制造业内部产业结构严重趋同，但之后有所降低，2012年降到0.559，10年间降幅较为明显，处于趋异态势，但趋同性依然偏高。表明北京和天津制造业内部产业分工逐步向合理化方向发展，两地产业分工仍需进一步明确。京冀产业结构相似系数始终处于较低位，且呈下降趋势，2012年为0.379，呈趋异态势。表明京冀两地制造业内部分工状况良好。相反的是，津冀产业结构相似系数呈明显上升态势，特别是2006年后上升显著，2012年达到0.813，两地制造业内部产业结构向趋同化趋势增加，表明津冀两地制造业内部产业结构同质化加重。

简单分析原因认为：2002年后，北京市部分工业企业的向外转移，制造业内部产业比重开始大幅下降。而随着天津滨海新区的成立，天津在原有工业基础上向高技术密集型产业方向发展的转变。河北省依托其雄厚的工业基础，着力发展现代制造业并且积极接受京津冀地区的制造业转移，制造业由传统的劳动密集型向资本、技术密集型转变，制造业内部呈高级化发展态势。故北京和天津、北京和河北制造业呈趋异化发展，天津和河北制造业有趋同发展的倾向。

表 5-24 三地制造业产业结构相似系数

地区	2003 年	2006 年	2009 年	2012 年
京津	0.961	0.740	0.528	0.599
京冀	0.514	0.402	0.410	0.379
津冀	0.576	0.594	0.779	0.813
平均值	0.684	0.579	0.572	0.597

资料来源：2004～2013 年的《北京统计年鉴》《天津统计年鉴》《河北经济年鉴》

（二）中观层面的产业结构同质性与异质性分析

主导产业是对一个产业结构系统的未来发展具有决定性引导作用的产业，可反映地区产业发展的全貌。因而京津冀三地主导产业的选择是否符合自身实际，主导产业的发展态势是否良好以及三地间主导产业的分布结构是否协调互补将决定整个区域的产业发展能否符合区域经济一体化的需要。在以上对京津冀三地制造业层面的产业结构的趋同性和异质性态势进行分析的基础上，对三地的主导产业结构现状进行系统分析。对此，本书以区域配置系数和区位商评估京津冀三地主导产业结构现状。区域配置系数表示某产业在该区域的产业结构中所占比例，是衡量该产业发展成为该区域主导产业规模的潜力；区位商是某产业占该区域产业结构比例与该产业占全国产业比例的比值。区域配置系数和区位商的具体表达式如下：区域配置系数=该区域某产业的产值/该区域所有产业总产值×100%；区位商=（该区域某产业产值/该区域所有产业总产值）/（全国某产业总产值/全国所有产业总产值）。其中，0<区域配置系数<1，区位商可大于 1，也可小于 1。当区位商>1 时，强调某类产业总产值占区域产业总值的比重超出国家范围内平均水平，即该产业在该地区具有高的专业化水平，如表 5-25和表 5-26 所示。

表 5-25 　2012 年京津冀工业分行业区域配置系数及区位商测算结果

指　标	区域配置系数（%）			区位商		
行业	北京	天津	河北	北京	天津	河北
煤炭开采和洗选业	5.2	5.1	3.5	0.89	0.87	0.59
石油和天然气开采业	—	5.9	0.7	—	2.6	0.31
黑色金属矿采选业	1.1	0.4	5.9	1.04	0.37	5.51
有色金属矿采选业	—	0.1	0.1	—	0.16	0.38
非金属矿采选业	1.6	0.4	0.2	4.69	1.20	0.67
农副食品加工业	2.2	3.5	4.4	0.73	1.15	1.45
食品制造业	1.6	4.1	1.6	1.21	3.13	1.24
饮料制造业	1.4	0.6	0.9	0.94	0.41	0.62
烟草制造业	—	0.2	0.4	—	0.21	0.42
纺织业	0.2	0.4	3.3	0.09	0.13	1.25
纺织服装、鞋、帽制造业	1.0	1.2%	0.9	0.76	0.93	0.67
皮革、毛皮、羽毛（绒）及其制造业	0.1	0.2	2.2	0.10	0.29	3.08
木材加工及木、竹、藤、棕、草制品业	0.1	0.1	0.4	0.13	0.13	0.74
家具制造业	0.4	0.3	0.4	0.96	0.71	0.95
造纸及纸制品业	0.4	0.8	1.2	0.26	0.52	0.79
印刷业和记录媒介的复制	0.8	0.2	0.5	1.57	0.37	0.97
文教体育用品制造业	0.5	0.8	0.4	0.76	1.24	0.65
石油加工、炼焦及核燃料加工业	5.7	5.0	5.4	2.09	1.85	1.98
化学原料及化学制品制造业	2.2	5.1	4.8	0.32	0.74	0.69
医药制造业	3.5	1.7	1.5	1.70	0.85	0.71
化学纤维制造业	—	0.1	0.2	—	0.08	0.25
橡胶和塑料制品业	0.7	1.8	2.3	0.34	0.84	1.11
非金属矿物制品业	3.0	1.3	4.2	0.64	0.29	0.90
黑色金属冶炼及压延加工业	1.0	16.0	27.4	0.14	2.12	3.62
有色金属冶炼及压延加工业	0.6	2.9	1.3	0.15	0.80	0.35
金属制品业	1.9	4.4	4.8	0.76	1.74	1.89
通用设备制造业	3.4	3.5	2.5	0.82	0.86	0.62
专用设备制造业	3.3	4.3	2.7	0.95	1.25	0.79
汽车制造业	16	7.4	3.4	3.08	1.40	0.65
铁路船舶航空航天和其他与运输设备制造业	1.3	2.5	0.9	0.53	1.05	0.37
电气机械及器材制造业	4.3	3.3	3.5	0.78	0.66	0.64
通信设备、计算机及其他电子设备制造业	13.2	10.9	0.8	2.18	1.81	0.14
仪器仪表制造业	1.4	0.3	0.2	1.89	0.38	0.22

续表

指 标	区域配置系数（%）			区位商		
行业	北京	天津	河北	北京	天津	河北
其他制造业	0.4	0.2	0.1	1.61	1.05	0.34
废弃资源和废旧材料回收加工业	0.1	0.8	0.2	0.27	4.57	0.96
电力、热力的生产和供应业	19.4	3.1	6.3	1.62	0.26	0.53
燃气生产和供应业	1.3	0.4	0.2	2.22	0.61	0.31
水的生产和供应业	0.3	0.2	0.1	0.31	0.19	0.08

表 5-26　2013 年京津冀第三产业分行业区域配置系数及区位商测算结果

指 标	区域配置系数（%）			区位商		
行业	北京	天津	河北	北京	天津	河北
交通运输、仓储和邮政业	5.90	10.50	23.68	0.62	1.11	2.51
信息传输、计算机服务和软件业	11.67	—	—	2.38	—	—
批发和零售业	15.83	27.55	21.56	0.78	1.35	1.06
住宿和餐饮业	2.50	3.50	4.14	0.67	0.94	1.12
金融业	18.83	17.41	10.30	1.26	1.17	0.69
房地产业	8.94	7.52	10.37	0.69	0.58	0.80
租赁和商务服务业	10.25	—	—	2.13	—	—
科学研究、技术服务和地质勘察业	9.64	—	—	2.73	—	—
水利、环境和公共设施管理业	0.75	—	—	0.68	—	—
居民服务和其他服务业	0.89	—	—	0.28	—	—
教育	5.06	—	—	0.76	—	—
卫生、社会保障和社会福利业	2.78	—	—	0.70	—	—
文化、体育和娱乐业	2.97	—	—	2.12	—	—
公共管理和社会组织	3.99	—	—	0.51	—	—

　　本书采用区域配置系数和区位商对 2012 年京津冀三省市 39 个制造业行业产业和 2013 年京津冀三省市 14 个服务业行业的数据进行测算，得到京津冀三地各自的主导产业（表 5-25、表 5-26），在此基础上整理出三地两两重合的主导产业（表 5-27），结果显示：京津冀主导产业趋同较为严重。具体而言，京津冀各自的主导产业分别有 18、17、10 种，其中主导产业趋同最为严重的为京津地区，重合的主导产业达 8 种，占北京主导产业的 44.44%，天津主导产业的 47.05%，主要分布在通信设

备、计算机及其他电子设备制造业，交通运输设备制造业（汽车制造业），
石油加工、炼焦及核燃料加工业，金融业，租赁和商务服务业，科学研究、
技术服务和地质勘察业等领域。京津严重的产业同构使得京津两中心城市
间出现了经济学中的"囚徒困境"现象，严重恶化了双边经济关系，且制
约了京津两市、特别是天津市的发展。其次是天津和河北的主导产业同构
也较为严重，重合的主导产业达 6 种，占天津的 35.29%，河北的 60%。主
要为煤炭开采和洗选业，石油加工、炼焦及核燃料加工业，金属制品业，
黑色金属冶炼及压延加工业，交通运输仓储和邮政业，批发和零售业。

表 5-27　2011 年京津冀区域三地主导产业同构情况

地区间	同构的主导产业
北京、天津和河北	煤炭开采和洗选业
	石油加工、炼焦及核燃料加工业
北京和天津	交通运输设备制造业（汽车制造业）
	通信设备、计算机及其他电子设备制造业
	水生产供应业
	金融业
	租赁和商务服务业
	科学研究、技术服务和地质勘察业
天津和河北	金属制品业
	黑色金属冶炼及压延加工业
	交通运输仓储和邮政业
	批发和零售业
北京和河北	黑色金属矿采选业
	电力、热力的生产和供应业

以上分析表明三地在具体的主导产业层面上，产业分布结构不尽合
理，主导产业的重合度较高。其中，京津两地重合的主要为资金和技术
密集型的现代制造业和现代生产性服务业，津冀两地重合的主要为资源
型重化工业和传统服务业，这种"同构化"现象既造成行业巨大内耗，也
不利于区域间形成合理分工。

与此同时，京津冀三地产业虽有同构，但侧重点不同，且各自在不
同产业上存在比较优势，目前已初步形成专业化分工与竞争并存的局

面。一方面，北京在汽车制造业，通信设备、计算机及其他电子设备制造业、金融业、信息传输等高技术产业和文化创意产业等方面具有比较优势，属于知识型地区；天津在石油天然气开采、食品制造等原材料加工工业方面具有比较优势，属于加工型地区；河北偏重于黑色金属及延压加工业，皮革、皮毛、羽毛及其制品业，交通运输仓储和邮政业等传统资源型重工业方面具有比较优势，属于资源型地区。另一方面，虽然京津冀三地均将航空航天、电子信息、汽车制造、生物制药、高端装备制造、新能源新材料作为产业发展重点，但在这些产业之间已表现出一个初步的专业化分工格局。如就航空航天产业而言，北京市汇集了全国星、箭、弹、船总体设计、核心研发和总装测试的绝大部分核心单位，在全国处于产业链上游的研发和检测等环节；天津市已形成以大飞机、直升机、无人机、大火箭、卫星等装备制造为产业核心的"三机一箭一星"格局，且主要处于装备产品的制造环节。**三地在产业结构、技术水平上存在的梯度差及其在生产要素禀赋上的互补性，正是京津冀产业协作的基础。**

此外，对河北省北部 8 个主要城市的主导产业结构进行分析。河北省内部各城市产业的趋同严重。据统计，在承德、秦皇岛、唐山、张家口、廊坊、保定、沧州、衡水、邢台、邯郸、石家庄 11 个城市的核心区中，将化工作为支柱产业的选择率高达 72.7%、机械 54.5%、建材 63.6%、冶金 45.5%、电子 36.4%、机电和纺织均为 27.3%。产业结构趋同性不仅使得城市的产业特色难以得到有效体现，而且在产业发展边缘化趋势上有不断加强的影响。

（三）微观层面的产业结构同质性与异质性分析

为了对京津冀地区产业的同质性和异质性有更深入的了解，在对京津冀三地主导产业同质性与异质性分析的基础上，从更微观的行业及产品数据对北京、天津和河北的重点发展产业和优势产业构成进行深入分析。

由表 5-28、表 5-29 和表 5-30 可知，北京、天津和河北省均将航空航天、电子信息、生物制药、新能源新材料、高端装备制造作为重点发展的产业。如就航空航天产业而言，北京市汇集了全国星、箭、弹、船总体设计、核心研发和总装测试的绝大部分核心单位，在全国占据绝对优势，处于产业链上游的研发和检测等环节。天津市已形成以大飞机、直升机、无人机、大火箭、卫星等装备制造为产业核心的"三机一箭一星"格局，主要处于装备产品的制造环节。就电子信息产业而言，北京、天津和河北均主要以移动通信设备、数字视听、电子元器件等为主。就生物制药产业而言，北京、天津和河北的重点生产领域均为生物制药、化学药、中成药、医药器械等，存在严重的产业同构现象。

表 5-28　北京市重点产业发展情况一览表

优势产业	优势领域
航空航天	信息安全、安防安保、空间生物、节能环保、物联网、新能源、软件、气象工程、特种装备等民用产业领域形成了一定产业规模
电子信息	移动通信、数字电视、集成电路、计算机、半导体照明
生物制药	初步形成生物制药、化学药、中成药、医疗器械、健康产业为一体的产业链
新能源新材料	在绿色电池、风电、光伏发电、金属新材料、电子信息材料、化工新材料等领域形成了较好的产业基础
高端装备制造	新能源装备、节能环保装备、仪控系统、数控机床
物联网	高性能计算机及存储设备、传感器产业、信息安全产业、物联网技术研发和应用

表 5-29　天津市重点产业发展情况一览表

优势产业	优势领域
航空航天	已形成以大飞机、直升机、无人机、大火箭、卫星为产业核心的"三机一箭一星"格局
石油化工	以炼油乙烯为龙头的大石化的产业机构和"油头—化身—轻纺尾"的完整产业链
电子信息	形成了移动通信设备制造、新型元器件、数字视听、机电产品等一批重点行业
生物制药	初步形成生物制药、化学药、中成药、医疗器械、健康产业为一体的产业链
新能源新材料	在绿色电池、风电、光伏发电、金属新材料、电子信息材料、化工新材料等领域形成了较好的产业基础

续表

优势产业	优势领域
高端装备制造	汽车模具、水泥装备、弧齿锥齿轮成套机床、粉末冶金液压机、工程子午线轮胎成套装备、石油套管、螺杆钻具、高档焊材、电梯用钢丝绳等高端产品
轻纺工业	手表机芯、自行车和电动自行车、纺织产品等
物联网	高性能计算机及存储设备、传感器产业、信息安全产业、物联网技术研发和应用
食品饮料	—
冶金	无缝钢管和高端金属制品、钢丝绳、预应力钢丝及绞线、焊丝等线材制品

表 5-30　河北省重点产业发展情况一览表

重点产业	优势行业或产品领域
钢铁	—
装备制造	已形成包括交通运输设备制造业、专用设备制造业、金属制品业、电气机械及器材制造业、通用设备制造业、仪器仪表及文化办公用机械制造业，共计 6 个大类、39 个中类、138 个小类、8000 多种产品
纺织	形成棉纺织、毛纺织、服装和化纤等优势产业，其中棉纺织是纺织业的第一大优势产业
建材	新型干法水泥、浮法玻璃、池窑玻璃纤维、新型墙材等已居绝对主体地位
石化	—
电子信息	形成了通信设备（含传输设备、卫星通信设备和移动通信设备）、广播电视、计算机整机及其配套、元器件、仪器仪表、测量、医疗、电力传输保障设备等十大类产品，太阳能光伏、通信设备、平板显示器件、半导体照明、应用电子等产业链日趋完善
生物制药	初步形成了化学药、生物技术药、中药等具有明显竞争优势的医药产业群。青霉素、维生素 B12、维生素 C、头孢类抗生素中间体 7-ACA 等产品的生产工艺、技术指标和产品质量均居同行业领先水平
新能源装备	光伏发电、风电、核电等装备制造业
新材料	—
节能环保	—
汽车工业	形成乘用车、商用车及挂车全系列多品种全面发展的产品格局。已经形成了以内燃机、轮毂、变速器、制动器、安全气囊、安全玻璃、蓄电池、汽车辊压件等零部件为代表的全系列、多品种的汽车零部件生产制造体系

　　再次，对京津冀地区各主要城市的优势产业及产品进行归纳整理（表 5-31）发现，**京津冀地区各主要城市产业之间并不存在所谓严重的同构现象，而是表现出一个初步的专业化分工格局和竞争并存的局面。**更为重要的是，这种专业化分工格局建立在各主要城市资源禀赋差异和比较优势的基础之上。尽管有些产业存在着不同程度的竞争，但是在一

般情况下这种竞争是错位或适度的，很少存在所谓重复建设而导致的恶性竞争。

表 5-31　2013年京津冀地区各主要城市工业的专业化分工情况

城市	优势行业和产品
北京	现代服务业，主要包括手机、微型计算机和软件
天津	轿车、手机、电子元器件、大规模半导体集成电路和手机电池；轿车、客车和汽车电子零部件；石油化工和海洋化工；无缝钢管和其他金属制品；中成药、新能源和环保产业
石家庄	化学原料、纺织服装
保定	汽车零部件、太阳能和风能等新能源、输变电设备制造
张家口	矿山设备、钢材、煤电能源、葡萄酒和果汁饮料
唐山	钢材、建材、煤电能源、海洋化工

四、京津冀产业协同进展

"京津冀协同发展"已上升为国家战略，国家《十三五规划建议》也明确要求推动京津冀协同发展，优化城市空间布局和产业结构，有序疏解北京非首都功能，推进交通一体化，扩大环境容量和生态空间，探索人口经济密集地区优化开发新模式。"十二五"时期，特别是2014年以来，京津冀三地政府积极贯彻落实中央部署，着力加强产业对接协作，创新发展、转型发展取得新进展。

一是对接合作稳步推进，产业转移和辐射带动初见成效。2015年11月，"2015京津冀产业转移系列对接签约活动"在河北省会石家庄进行，一大批重点产业转移项目在活动现场进行了集中签约。数据显示，三地共有51个重点项目达成签约合作，总投资额达到2900多亿元。此次活动，三地主要以河北环北京的产业园区为依托，在生物医药、先进装备制造、新信息技术、新材料、轻纺食品、专业空间信息技术等各个方面进行了对接签约。

　　为了精准有效地对接京津的产业转移，河北省将石家庄、唐山、保定、邯郸、张家口、承德、廊坊、秦皇岛、沧州、邢台、衡水等在内的11个地级市，以及定州、辛集等特色功能节点城市的发展方向和功能定位做了详细规定。功能定位的明确实际就是理清了各地在京津冀协同发展中的分工，在上述城市中，廊坊和保定被寄予厚望。河北省明确提出将开展石家庄、保定、廊坊国家全面创新改革试验，加快推进京南科技成果转化试验区建设；要打造环京津核心功能区，推动保定和廊坊着力提升非首都功能承接能力，加快形成与京津功能互补、协调联动、产业层次高、创新能力强、引领京津冀协同发展的核心区域。从对接签约的单位也可以看出保定和廊坊是未来京津冀协同的重头戏，位于保定北、北京西南的涞水产业新城，就作为代表性产业园区，在对接签约活动上进行了推介。涞水产业新城占地175平方公里，将重点发展包括电子信息产业园区、高端装备制造产业园区、现代物流产业园区、中小微企业科技创新孵化园等在内的产业园区，促进京津研发的高新技术的转化。截至目前，涞水产业新城已经引进中国电子科技集团、中国传媒大学、国研文化集团、中建一局、北京理工雷科电子信息有限公司、广州力柏能源科技有限公司、广东盛路通信科技股份有限公司、平安银行等众多企业落户园区参与建设。另外，在此次对接签约活动上签约的51个重点项目，有很大一部分未来将在保定和廊坊落地，仅高端装备制造业一项，就有诸多项目达成。

　　二是资源共享与区域一体化的产业技术合作正在迅速推进。当前，京津冀三地科技合作与发展正进入以强化区域协同创新、打造创新共同体为特征的发展新阶段。三地全力推进区域科技创新合作，相继签署了《北京市、河北省2013至2015年合作框架协议》《北京市、河北省科技合作框架协议》等一系列专项协议。中关村示范区也与天津滨海新区、宝坻区、河北廊坊市、承德市、唐山市等签署了战略合作框架协议。一批技术创新平台、科技成果转化平台等相继建立，区域内产业转移、技术交易规模不断增加，科技服务体系建设、联合科技攻关、科技条件平台建设等迅速推进。北京作为科技创新中心，对津冀科技辐射力度不断增强。北京输出到津冀的技术合同共 3475 项，同比增长 9.4%；输出到津冀的技术合同成交额 83.2 亿元，增长 16.8%。同时，三地加大科技研发投入，研发实力差距呈缩小趋势。2014 年，京津冀三地研发（R&D）经费支出之比由 2013 年的 1∶0.36∶0.24 调整为 2014 年的 1∶0.37∶0.25。此外，截至 2014 年 6 月底，中关村已与廊坊、天津（滨海、宝坻）、承德、唐山等 4 个津冀地区签订战略合作协议；与地方政府合建天津滨海中关村科技园、京津中关村科技新城、中关村海淀园秦皇岛分园等 5 个科技园区和产业基地；京津两地首个跨区域产业联盟——中关村—滨海新区大数据产业技术创新战略联盟已正式启动，先期推动中关村 159 个实验室向天津科技工作者开放。天津、河北积极推进三地承接协作。天津加快推进未来科技城、京津产业新城等 12 个承接平台建设，全年引进北京项目 538 个。河北从京津引进资金 3757 亿元，占引进省外资金总量的 51%。

三是产业结构持续优化，高端产业加快发展。2014 年，京津冀三地积极推进产业升级，高端产业发展态势良好。其中，北京高端产业引领特征明显。2014 年，规模以上工业中战略性新兴产业增加值同比增长 17.9%，对全市规模以上工业增长的贡献率达到 62.7%；金融业、信息服务业和科技服务业等高端服务业发展较快，3 个行业对全市经济增长贡献率达到 50.5%。天津高端制造业贡献突出。2014 年，装备制造业产值对全市规模以上工业总产值增长的贡献率达到 43.0%。河北高端制造业发展势头较好。2014 年，规模以上装备制造业增加值增长 8.8%，占规模以上工业的 20.6%。

第六章 京津冀科技资源配置与创新能力分析

结合京津冀科技创新发展实际情况，本书从科技创新投入、科技创新绩效产出、科技创新载体和创新基础条件平台四个方面对京津冀科技创新资源配置现状与创新能力进行分析。

一、京津冀科技创新资源配置与创新能力现状

（一）科技创新投入

科技创新投入能力是区域创新系统是否有效的重要标志，也是衡量一个国家或地区创新能力强弱的重要标志。主要包括科技人力投入、财力投入和物力投入等。

1. 科技人力投入

天津、河北科技人力投入集中在工业企业，北京则集中在高校和研发机构。就京津冀整体而言，截至 2014 年年底，京津冀地区万人研发人员数量为 59.92 人，低于长三角的 85.45 人和珠三角的 62.96 人。从科技人才结构来看，京津冀地区研发人员中博士、硕士和本科学历所占比重分别为 12.04%、18.94% 和 26.32%。其中，博士和硕士比重远远高于长三角（4.99%、10.54%）和珠三角地区（2.95%、9.92%）。表明京津冀在科技人才总量方面与其他两个城市群相比不占优势，但在高端技术人才上处于绝对优势地位。从部门科技人才投入来看，京津冀规模以上企业研发人员数占比 45.42%，分别低于全国 67.88% 的平均水平和长三角76.55%、珠三角 80.70% 的水平。高等院校和研发机构研发人员所占比重分别为 18.72% 和 19.38%，分别高于全国 14.25% 和 7.91% 的平均水平，

远高于长三角和珠三角的 9.97%、4.90% 和 7.04%、2.35%。表明京津冀
地区科技人才分布主要以高校和科研机构为主，企业的科技人才投入偏
低，在一定程度上制约了区域创新能力的提升。从研发人力投入的类别
来看，京津冀地区投入到基础研究和应用研究领域的研发人员全时当量
比例高于长三角和珠三角地区，而长三角和珠三角地区在试验发展领域
的比重较高。表明京津冀地区对于基础和应用领域的研发更为重视，具
有强大的知识创造能力，长三角和珠三角地区面向产品开发的研发活动
更为密集，因而是科技成果转化率较高的地区。这与三大区域科技人才
结构及分布特点具有一致性。

就京津冀内部两市一省而言，2014 年，北京、天津和河北省的万人
研发人员数分别为 159.46、108.16 和 21.00。北京的万人研发人员数远
高于天津和河北之和，是河北省的 7 倍多。从科技人才结构来看，北京、
天津和河北研发人员数中博士所占比重分别为 19.05%、5.75% 和 3.16%，
北京是天津的 3 倍多，河北的 6 倍多。三地硕士比重分别为 23.71%、
12.67% 和 13.10%，北京基本相当于天津和河北两地之和。按部门科技投
入指标来看，北京规模以上工业企业研发人员数占全社会研究人员数的
比重仅为 23.29%，天津为 67.85%，河北为 70.68%；北京高等学校研发
人员比重为 22.51%，天津为 14.26%，河北为 15.06%；北京研究与开发
机构研发人员所占比重为 31.87%，天津为 6.24%，河北为 5.66%（表 6-1）。
以上数据分析显示：河北、天津的科技人力资源分布在工业企业中的比
重远远高于北京，主要是由于北京的产业结构优于津冀；而北京在高校
和科研机构中投入的科技资源要远远高于天津和河北省。此外，数据显
示，北京研发人力投入在基础研究、应用研究和试验发展几个领域均远
远高于天津和河北省（表 6-2）。表明北京、天津和河北尚未形成合理的科
技创新分工。天津和河北仍以工业为主导，因此人力投入主要集中在工业
企业，但对于研发机构和高校等技术支撑载体的科技人力资源投入较弱，
因此科技创新能力整体较弱，与北京差距较大。

表 6-1　2014 年京津冀地区科技人力资源投入情况

地区	万人拥有研发人员数（个）	规模以上工业企业研发人员数占比（%）	高等院校研发人员数占比（%）	研发机构研发人员占全比（%）	研发人员中博士占比（%）	研发人员中硕士占比（%）	研发人员中本科占比（%）
全国	39.12	67.88	14.25	7.91	5.93	13.07	26.70
北京	159.46	23.29	22.51	31.87	19.05	23.71	24.74
天津	108.16	67.85	14.26	6.24	5.75	12.67	22.69
河北	21.00	70.68	15.06	5.66	3.16	13.10	33.67
京津冀	59.92	45.42	18.72	19.38	12.04	18.94	26.32
长三角	85.45	76.55	9.97	4.90	4.99	10.54	28.88
珠三角	62.96	80.70	7.04	2.35	2.95	9.92	21.88

注：万人研发人员数=研发人员数/年平均常住人口

资料来源：《中国科技统计年鉴 2015》《中国统计年鉴 2015》

表 6-2　2014 年京津冀地区科技人力资源投入情况　　　（单位：人/年）

地区	研发人员全时当量	基础研究	应用研究	试验发展
全国	3710580	235398	407023	308199
北京	245384	39042	59082	147263
天津	113335	6012	12650	94674
河北	100946	4927	12157	83863
京津冀	459665	49981	83889	325800
长三角	1005372	38403	60450	906536
珠三角	506862	15757	38014	453092

资料来源：《中国科技统计年鉴 2015》

2．科技财力投入

就京津冀整体而言，2014 年，京津冀研发经费投入强度为 3.32，略高于长三角的 2.82 和珠三角地区的 2.37。从研发资金来源看，京津冀地区政府、企业和国外经费支出占全部经费支出的比重分别为 39.94%、52.01% 和 2.47%，与全国和长三角、珠三角地区相比，京津冀地区政府研发经费支出比重非常高，而企业研发经费支出则相对偏低（表 6-3）。表明京津冀地区研发经费支出以政府研发投入为主，企业的科技创新投入相对薄弱。

从京津冀内部来看，2014 年北京研发经费投入强度 5.95，天津和河北分别为 2.96 和 1.06，北京的研发经费投入强度远远高于天津和河北省。从研发经费支出的资金来源看，北京的以政府经费支出为主，2014 年政府研发经费支出占全部研发经费支出比重达 55.18%，远高于天津和河北。而天津和河北主要以企业研发经费支出为主，企业研发经费支出占全部研发经费支出比重分别为 78.74%和 84.30%，而北京仅占 34.26%。这一方面体现了北京的区位优势，同时也说明河北、天津的创新投入中企业的主体性高于北京。

表 6-3　2014 年京津冀地区科技经费投入情况

区域	研发经费投入强度	政府研发经费占比（%）	企业研发经费占比（%）	国外研发经费占比（%）
全国	2.05	20.25	75.42	0.83
北京	5.95	55.18	34.26	3.20
天津	2.96	16.05	78.74	2.12
河北	1.06	13.64	84.30	0.06
京津冀	3.32	39.94	52.01	2.47
长三角	2.82	14.50	80.56	0.84
珠三角	2.37	7.27	90.05	0.50

资料来源：《中国科技统计年鉴 2015》

注：研发经费投入强度为研发经费与 GDP 比值

（二）科技创新绩效产出

科技产出能力是反映科技创新能力的重要标志，也反映科技资源配置的绩效，包括专利、论文、科技成果和科技服务等。基于数据的可获得性，本部分从科技活动产出水平、科技成果市场化、高技术产业化水平三个方面，主要选取万人专利申请量、万人专利授权量、大中型企业拥有专利数、万人技术成果成交额等指标进行分析。

1．科技活动产出水平

就京津冀区域整体而言，2014 年京津冀地区万人专利授权数和申请数分别为 10.96 项/万人和 20.95 项/万人，远低于长三角（27.62 项/万人、48.13 项/万人）和珠三角地区（16.78 项/万人、25.96 项/万人），这与京津冀地区丰富的科技资源不对称。在规模以上工业企业拥有专利数比重上，2014 年京津冀地区为 29.70%，高于长三角的 29.39%，但远低于珠三角的 70.54%，如表 6-4 所示。分析表明，京津冀地区虽然科技资源丰富，但科技资源向科技成果的转化能力较弱，在一定程度上造成科技资源的浪费。

就京津冀两市一省而言，北京万人专利授权与申请数分别为 34.69 项/万人和 64.18 项/万人，远高于天津和河北的专利申请与授权数；在大中型企业所拥有的专利数上，北京为 25.07%、天津为 46.54%，河北为 24.83%。结合前面分析，天津和河北在企业研发投入上的比重较高，其中天津的企业的专利产出率也较高，但河北的实际专利产出率较低，在一定程度上表明天津企业科技创新的投入产出率高，河北省企业科技创新的投入产出效率低。

表 6-4　2014 年京津冀地区科技活动产出水平情况

	万人专利授权数（项/万人）	万人专利申请数（项/万人）	规模以上工业企业拥有专利比重（%）	万人科技论文数（篇/万人）	获国家级科技成果奖系数
全国	8.84	16.16	37.12	2.89	—
北京	34.69	64.18	25.07	33.77	8.91
天津	17.37	41.81	46.54	7.84	2.49
河北	2.73	4.06	24.83	0.82	1.49
京津冀	10.96	20.95	29.70	8.20	
长三角	27.62	48.13	29.39	5.82	
珠三角	16.78	25.96	70.54	1.80	

资料来源：《中国科技统计年鉴 2015》

2．科技成果市场化

技术合同成交额（表 6-5）是用来反映技术成果市场化的重要指标，是地区科技成果转化的重要渠道和推动力量。就京津冀整体而言，2014年京津冀万人技术成果成交额 3216.32 元/人，远高于长三角（769.41 元/人）和珠三角地区（385.30 元/人），是长三角的 4.18 倍，珠三角的 8.35倍。表明京津冀地区技术市场交易活跃并具有较高的效率，科技成果市场化水平较高。

就京津冀两市一省而言，北京万人技术成果成交额为 14578.07 元/人，远高于天津 2561.63 元/人和河北省 39.54 元/人，是全国平均水平的23.25 倍；河北的万人技术成果成交额还不到全国平均水平的 6.3%，与北京和天津相差甚远。表明北京技术成果市场化水平相比国内其他区域较高，河北的技术成果市场化水平较低，在一定程度上决定了其较低的产业技术水平和产业结构层次。从技术成果交易的来源看，北京主要以技术输出为主，天津技术输出和吸纳技术相当，河北以吸纳技术为主，且北京在技术输入和输出方面均远远高于天津和河北地区，表明北京的技术交易市场较为活跃，天津和河北对北京的技术吸纳能力不足。

表 6-5　2014 年京津冀地区科技成果市场化情况

地区	万人技术成果成交额（元/人）	输出技术		吸纳技术	
		合同数（项）	成交金额（亿元）	合同数（项）	成交金额（亿元）
全国	627.07	297037	8577.2	297037	8577.2
北京	14578.07	67284	3137.2	47105	1234.7
天津	2561.63	14947	388.6	11594	340.8
河北	39.54	3232	29.2	6115	152.8
京津冀	3216.32	85463	3555	64814	1728.3
长三角	769.41	60881	1222.9	68671	1345.9
珠三角	385.30	18577	413.2	23016	560.7

资料来源：《中国科技统计年鉴 2015》

注：万人技术成果成交额=输出技术合同成交额/年末常住人口数

3. 高技术产业化水平

就京津冀整体而言，京津冀高技术企业数、研发人员数、主营业务收入和利润总额分别为 1944 个、5.08 万人、9942.3 亿元和 697.3 亿元，分别占全国的比重为 6.96%、7.24%、7.81%、8.61%，均远低于长三角和珠三角的同一指标水平。

就京津冀两市一省而言，北京在高技术企业数量和主营业务收入上高于天津和河北。天津在从业人员数上最高。但从单个企业和个人来看，单一企业创造的主营业务收入和利润总额天津最高，北京次之，河北最低。个人创造的主营业务收入北京最高，利润总额天津最高（表6-6）。表明天津高新技术产业的资本量大，技术水平较高，价值量大；北京高新技术企业资本量较小，技术水平也较高，价值量相对较小；河北高技术企业在资本量、技术水平与天津、北京还存在一定的差距。

表 6-6　2014 年京津冀地区高新技术企业创新能力情况

地区	高技术企业数（个）	研发人员数（万人）	主营业务收入（亿元）	利润总额（亿元）
全国	27939	70.14	127368	8095
北京	805	2.37	4151.6	277.3
天津	583	1.61	4282	281.8
河北	556	1.10	1508.7	138.2
京津冀	1944	5.08	9942.3	697.3
长三角	8292	19.34	37963.2	2448.5
珠三角	5874	20.51	30328.9	1578.4

资料来源：《中国科技统计年鉴2015》

（三）科技创新载体

1. 高等院校与科研机构

高校和科研机构是区域科技创新的重要载体，主要以原始创新、知识创新和技术创新为主，是行业技术的重要创新源，也是区域科技人才培养的主要来源。本部分重点对京津冀地区的高等院校和科研机构数量及占全国的比重进行分析（表6-7）。

2014年，北京拥有高等院校数量为135个，天津和河北高等院校数量分别为47个和112个，但北京211工程高校和985工程高校分别为27所和8所，天津只有3所和2所，而河北仅有1所211工程学校。同时，北京拥有科研院所392个，是天津的6.53倍、河北的5.09倍。就京津冀整体而言，2014年京津冀科研机构总数占全国的比重达10.15%，是长三角科研机构数量的1.38倍，是珠三角区域科研机构数量的3.13倍。这在一定程度上反映出中央政府在科技资源配置上对北京的重视，同时也反映出北京对科技资源具有较高的吸引力和凝聚力。数据分析表明，京津冀地区在高等院校和科研机构数量方面在全国占据一定的优势，是我国主要的知识创新、技术创新和科技人才的发源地。

表 6-7　2014 年京津冀地区高等学校与研究与开发机构数量

地区	高等学校		研究与开发机构	
	数量（个）	占全国比重（%）	数量（个）	占全国比重（%）
全国	2896	—	3677	—
北京	135	4.66	392	10.66
天津	47	1.62	60	1.63
河北	112	3.87	77	2.09
京津冀	294	10.15	529	14.39
长三角	381	13.16	384	10.44
珠三角	103	3.56	169	4.60

资料来源：《中国科技统计年鉴 2015》

2. 工业企业

工业企业技术创新能力是反映一个地区创新能力强弱的重要方面。因为工业企业是技术创新的主体，对于知识创新能力薄弱的地区来说，工业企业的技术创新能力更具有重要意义。在这里重点分析工业企业技术创新投入能力和企业技术创新产出能力两方面的主要指标。企业技创新投入能力包括企业技术开发机构、技术创新人力投入、技术创新经费投入和新产品开发投入等方面的指标；企业技术创新产出能力则主要包括专利产出和新产品两个方面。

就京津冀整体来看，2014 年有研发活动的企业数占规模以上工业企业数的比重为 17.82%，略高于全国 16.85%的平均水平，但远低于长三角地区（28.38%）。在规模以上工业企业的创新投入能力方面，京津冀 2014 年企业办研发机构数 2738 个，企业研发人员数 30.1 万人，企业研发经费支出占主营业务收入比重为 0.86%，均低于长三角地区和珠三角地区。在规模以上工业企业的创新投入产出方面，有效发明专利数和新产品销售收入占主营业务收入比重均低于长三角和珠三角地区，其中有效发明专利数仅占长三角和珠三角的 30%。表明京津冀企业无论在创新投入和创新产出方面均不如长三角和珠三角地区，进而也制约了京津冀产业的进一步转型和升级。

就两市一省来看，2014 年北京、天津和河北省有研发活动的企业数占规模以上工业企业数的比重分别为 30.93%、37.27%和 7.34%。北京和天津远远高于全国 16.85%的平均水平，河北省还不到全国平均水平的一半。在一定程度上表明河北工业企业自主创新能力较弱。从规模以上工业企业的创新投入来看，在企业办研发机构数和研发人员投入上河北最高；在企业研发经费投入上北京略高于天津，河北还不到天津的一半；但在新产品研发经费支出上天津最低。从工业企业技术创新产出来看，北京有效发明专利数和企业新产品销售收入最高，其中有效发明专利数分别约是天津的 2 倍和 4 倍。天津虽在新产品研发经费支出上远低于河北，但在企业新产品销售收入上是河北省的 3 倍多（表 6-8）。表明北京和天津工业企业技术创新产出能力高于河北，企业技术创新投入产出效率较高。河北省在自身知识创新能力处于劣势的情况下，较弱的企业自主创新能力制约了其产业结构的升级，这也在一定程度上表明河北与北京、天津在产业结构上还存在较大差距。

表 6-8　2014 年京津冀地区工业企业技术创新能力情况

地区	有研发活动的企业数占规模以上工业企业数的比重（%）	企业办研发机构数（个）	企业研发人员数（万人）	企业研发经费支出占主营业务收入比重（%）	规上工业企业新产品开发经费支出占销售收入的比重（%）	有效发明专利数（件）	企业新产销售收入占主营业务收入比重（%）
全国	16.85	57199	363.2	0.84	7.08	448885	12.91
北京	30.93	805	8	1.18	7.00	18721	21.47
天津	37.27	839	11.1	1.15	4.52	12263	20.20
河北	7.34	1094	11	0.55	7.00	4999	7.06
京津冀	17.82	2738	30.1	0.86	5.94	35983	13.93
长三角	28.38	30278	103.9	1.07	6.70	129027	20.06
珠三角	15.96	3930	54.5	1.19	7.99	126936	17.59

资料来源：《中国科技统计年鉴 2015》

（四）创新基础条件平台

科技创新基础条件平台包括各类科学研究实验室、工程技术研究中心、科技企业孵化器、生产力促进中心等。这些平台对区域创新的影响主要通过其在区域内的数量以及所产生的效益来衡量，如实验室和工程技术研究中心，主要是数量以及取得科研成果数和专利数量以及科研成果的转化率。基于数据的可获得性，本部分选取国家重点实验室、工程技术研究中心、国家级科技孵化器、国家级生产力促进中心的数量指标进行分析。

就京津冀地区整体而言，2012 年拥有国家重点实验室 115 家，占全国的 34.74%，分别是长三角地区和珠三角地区的 1.67 倍和 8.85 倍。拥有工程技术研究中心 79 家，占全国的 23.24%，分别是长三角和珠三角地区的 1.34 倍和 3.46 倍。表明京津冀地区科技基础条件平台基础雄厚。

就京津冀区域内部而言，2012 年，北京市拥有国家重点实验室 107 个，占全国的比重达 32.32%，占京津冀地区总量的 93.04%。而邻近的天津和河北国家重点实验室数量仅为 5 个和 3 个,数量分布的差距显著。北京拥有工程技术研究中心 65 个,占全国的比重为 19.12%,占京津冀地区总量的 82.28%,是天津和河北数量的 6 倍多和 15 倍多。北京拥有科技企业孵化器 92 个,低于天津,远高于河北省,拥有生产力促进中心 71 个,低于天津和河北,在一定程度上表明北京侧重于科技的研发和孵化,天津和河北侧重于科技成果的转化(表 6-9)。

表 6-9　2012 年京津冀国家重点实验室和工程技术研究中心分布情况

地区	国家重点实验室(个)	工程技术研究中心(个)	科技企业孵化器(个)	生产力促进中心(个)
全国	331	340	1468	2581
北京	107	65	92	71
天津	5	10	114	122
河北	3	4	42	122
京津冀	115	79	248	315
上海	35	18	94	6
江苏	25	28	444	69
浙江	9	13	53	120
长三角	69	59	591	195
珠三角	13	21	108	130

资料来源:《中国火炬统计年鉴 2014》

二、京津冀科技创新资源共享现状

(一)区域内物理资源共享初见成效

总体而言,京津冀内部物理资源的共享初见成效,仪器设备的开机率、使用效率都有大幅度提高。但省际共享范围和合作程度有限,还有待进一步提高。当前,京津冀的省(市)际资源共享仍有很大的提升空间。北京是我国的政治、经济和文化中心,大型先进、精密仪器拥有量在全国首屈一指,天津和河北省与北京市科技资源开发共享的机会较多。对于天津而言,虽然拥有和北京互补的大型精密仪器设备,然而仪器后续开发及软件投入的不足致使北京选择大量科研项目与距离较远的上海合作。但是三地大型仪器设备共享已在发展阶段,对社会科技研发的推进作用正在显现,这就为京津冀地区的人才培养、科学研究等区域创新提供了重要的物质保障。

(二)科技数据共享刚刚起步

目前,京津冀三地均建立了信息网络平台,如北京的科技条件平台及科学仪器设备共享服务网,天津的科研条件网及大型仪器协作共用网,河北的科技基础条件网络平台,这些平台的建设促进了三地科技数据的共享。但是科学书库资源尚缺乏有效的管理和建库,数据标准化和规范化方面存在的问题较多,阻碍了省(市)内的有效共享,也阻碍了科技数据的高效和高质量使用。对于省际而言,一方面,科技数据资源大多为部门所拥有,各部门之间缺乏相互交流和沟通,缺乏共享的氛围和意识。另一方面,三省市统一的技术规范尚未建立,数据管理、应用服务系统和分布式数据库网上管理与分发服务技术尚不成熟,在技术上科技文献共享也存在一定的难度。

为进一步加快京津冀三地科技资源流动,实现基础研究项目成果的开放共享,2015 年,北京市科委、天津市科委、河北省科技厅正式签署《京津冀协同创新发展战略研究和基础研究合作框架协议》(以下简称《协议》)。《协议》指出在战略研究层面,着力搭建协同创新战略研究平台,积极探索"共同出题、共同组织、共同研究、共享成果"的合作研究机制与模式。在基础研究层面,通过完善专家资源交换、科技资源共享等机制,加快推动科技资源流动,实现基础研究项目成果的开放共享;针对共同面临的热点、难点科学问题和产业共性关键技术需求,在重点领域探索开展实质性研究合作。此外，整合京津冀重点实验室等创新资源，搭建科研人员交流与合作平台，促进科技人才的成长与交流。

（三）科技人才共享逐步推进

在科技人才共享方面，京津冀三地的政府已出台了各种政策措施促进三地科技人才资源共享。主要表现在共建高层次人才信息库、职业任职资格相互承认、互认的高层次人才户籍流动制度与人才交流和一体化合作协议4个方面。

一是共建了高层次人才信息库。某一地高层次人才到另外两地从事咨询、讲学、兼职、科研和技术合作等将会享受优惠政策。同时，三地区还签订了培训合作协议，联合当地院校和培训机构，整合师资资源，实现了培训项目的师资共享。

二是职业任职资格相互承认。在共同研究职称制度改革相关政策的基础上，三地区人事部门将对各自核准的专业技术职业任职资格和国际职业资格互相认可。而且，符合报考条件的专业技术人员可在异地参加全国统考的外语、计算机考试。

三是京津冀地区互认的高层次人才户籍自由流动制度。2010年8月，《首都中长期人才发展规划纲要（2010～2020年）》公布，纲要首次明确提出北京将逐步推行京津冀地区互认的高层次人才户籍自由流动制度；天津市也在制定相关政策，推行此制度，使高层次人才在子女入学、医保社保等方面都将享受与当地市民的同等待遇，积极推动高层次人才三地共享，以带动环渤海区域经济发展；河北省也正在积极制定新的人才规划，从而更好地与国家和北京的制度进行衔接。

四是京津冀三地人事部门签订多个合作协议，促进了科技人才的交流。2015年6月，天津工业大学、北京工业大学、河北工业大学三校携手成立"京津冀协同创新联盟"，将共建若干"京津冀协同创新中心"，围绕京津冀协同发展中的重大需求，联合申报和承担国家重大研究项目或国际科技合作项目，打造"国家急需、世界一流"的协同创新体系，如以天津工业大学牵头成立"京津冀环境污染控制协同创新中心"，以北京工业大学牵头成立"京津冀交通协同创新中心"，以河北工业大学牵头成立"京津冀智能装备技术与系统协同创新中心"等。此外，联盟高校还将联合建立多学科组成的高端智库和开放式研究机构，培养一批高水平人才队伍，积极参与京津冀区域经济社会改革与发展建设，为京津冀经济转型升级提供智力支持和决策服务，联合开展核心理论研究和关键技术开发，增强学校服务地方经济、科技和社会发展的能力。

（四）中关村带动京津冀创新创业

中关村科技园区主动推动与天津、河北重点区域之间的创新合作，带动创业就业，初步形成了多主体、多层次、多领域的格局和态势。

一是聚焦重点，以共建项目为抓手，开展优势合作。中关村已经与天津滨海新区、宝坻、河北唐山、承德、廊坊、保定等区域建立了战略合作关系，务实推动了天津滨海中关村科技园、宝坻京津中关村科技新城、曹妃甸中关村科技成果产业化基地、保定中关村创新中心、固安大清河中关村科技成果转化基地等一批科技园区和产业基地建设。除此之外，根据各地产业基础和资源优势，中关村科技园配合北京市经济和信息化委员会和河北省工业和信息化厅共同支持建设张家口发展大数据产业，建设张北云计算产业园，积极支持石家庄建设集成电路封装测试和智能硬件产业园；同时中关村各分园也开展了产业对接，如海淀园与秦皇岛、丰台与燕郊、滨海与宝坻、石景山园与廊坊开展了合作共建。

二是政府引导积极推动创新主体合作。中关村科技园努力构建多主体参与的创新合作体系，支持企业、高校院所、产业投资机构和科技咨询机构、协会、联盟和服务机构共同推进非政府性的交流合作，促进区域和企

业、机构间的互动和协作。2015 年，中关村企业已经在河北设立分支机构
1029 家，在天津设立分支机构 503 家，一大批社会组织将服务平台延伸到
天津、河北。中关村科技企业家协会、物联网产业技术联盟、中关村智慧城
市联盟、中关村智慧环境产业联盟都分别和河北、天津有关单位和地区开展
了广泛的交流和合作，促进了很多合作项目的落地。清华大学与河北廊坊、
秦皇岛、唐山等多地共建了研究院、科技园、研究中心。北京大学与天津、
河北的合作项目超过了 330 个，并且与滨海新区共建了新一代信息技术研究
院，与承德共建了研发中心，中科院北京分院在天津滨海高新区共建了电子
信息技术产业园，与河北唐山共建了高新技术研究与转化中心，推动了 30
多个项目落地转化。一批科技服务机构，也加速落户天津、河北，清控科创、
天津东丽联合打造了三万平方米的孵化器，入住企业超过一百家等。

（五）科技服务共享进一步加深

截至 2014 年 6 月，北京地区拥有国家重点实验室 111 家，占全国的
30.9%；国家工程实验室 50 家，占全国的 36.0%；国家工程技术研究中心
66 家，占全国的 19.1%；国家工程研究中心 41 家，占全国的 31.3%。而天
津与河北的国家重点实验室、工程技术研究中心等均屈指可数，在科技服
务硬件方面与北京差距较大。北京市利用较强的科技资源优势，对内对外
开展科技服务，为全国多地科技创新以及科技成果转化提供了服务支撑。
在各个科技服务平台运营过程中，进一步培育了专业服务机构的服务能力，
2014 年专业服务机构实现服务合同达 1.56 亿元；并建立了京津区域合作
站，2014 年实现服务合同额达 0.31 亿元。2015 年 5 月，北京市政府公布
《关于加快首都科技服务业发展的实施意见》，明确未来将围绕京津冀协同
发展重点合作领域，建立一批区域协同创新科技服务站，完善市场化运行
机制，推动首都科技资源与区域合作需求有效对接；鼓励建立跨区域的研
发机构、中试和成果转化基地、产业技术创新联盟，支持科技服务企业实

现跨区域交流合作；充分利用现代信息和网络技术，建立一批科技服务电子商务平台，促进区域间技术转移转化的商业模式创新。

三、京津冀科技资源配置存在的问题

（一）科技资源区域分布不均，技术扩散效应不明显

总体来讲，京津冀地区的创新资源比较丰富，创新能力比较强，但是区域内部创新能力不均衡。北京作为全国政治中心，具有丰富的创新资源，是全国最重要的自主创新高地和技术辐射源头，天津作为北方经济中心，创新能力也在不断提高，而河北的创新能力相对而言则比较落后，特别是创新资源显得相对匮乏。如前面分析所述，河北、天津与北京相比存在着"高层次人才均比较缺乏、研发经费投入少、专利授予量少、技术合同成交额低"等问题，特别是河北省各项资源相对落后，与北京相比差距过大，创新资源的分布不均在一定程度上造成了京津冀创新能力的差距。地理上邻近而科技发展明显不平衡，意味着区域的科技溢出效应较弱，技术传播不明显。

（二）科技资源投入结构雷同，资源浪费现象严重

由于科技创新的联系和协作程度低，延伸到产业化方面受到了严重阻碍，影响了区域发展潜力的发挥。区域间分工不明确，本应该以研发为主体的区域以产业化为先，而应该以产业化为主体的区域却因为缺乏研发成果支持而被迫从事研发，导致京津冀区域内的产业同构或被扭曲，使得要素的流动受到阻碍并导致其利用效率的低下。此外，京津冀区域创新体系的建设缺乏有效的制度保障措施，尚没有统一的技术标准规范，

还没有形成良好的区域互动机制，导致资源浪费与供给不足现象并存。

（三）创新资源流动受阻，整体创新效能有待提升

首先，由于京津冀地区内各地方鼓励事业单位科研人员到企业中从事创新工作的具体政策尚未出台，造成高校和科研院所创新人才向企业的流动率较低。其次，京津冀各地区在就业环境、公共服务、社会保障等方面存在较大差距，导致经济落后地区吸纳创新资源存在难度，经济发达地区的"虹吸效应"非常明显，人才大量向北京聚集，周边地区吸引人才困难。此外，京津冀地区内民营科技型企业在落户指标、社会保障、职称认定等方面缺乏吸引能力，难以提供有竞争力的薪酬及良好的工作环境、职业培训等，导致民营科技型企业面临引进和留住人才难的尴尬局面。

（四）区域科技合作体制机制有待完善

一是高层次的合作磋商协调机制还没有建立。近年来京津冀各方高层领导虽然进行了互访，但是高层次的合作磋商协调机制还没有建立企业，合作基本停留在县区、企业和民间，但是跨省、市的区域大合作项目很少。二是科研机构和企业的合作相对薄弱。三是科技中介服务体系不完善，京津冀区域科技中介服务机构的作用还不能有效发挥。

（五）京津冀科技服务协同创新网络尚未形成

北京科技创新平台建设已初具规模，但仍存在着重复建设、"重布局、轻运行"以及有效性差等问题，同时，科技成果数据库、专业人才数据库、专利数据库等的建设还比较薄弱，影响了网络服务效能的充分发挥。而天津和河北的科技服务业发展与北京差距较大，科技服务能力跟不上，会阻碍京津冀协同创新进程。

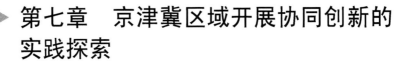

第七章　京津冀区域开展协同创新的
实践探索

京津冀地区同属京畿重地，濒临渤海，背靠太岳，携揽"三北"，占据着十分重要的战略地位，是我国经济活力最具活力、开放程度最高、创新能力最强、吸纳人口最多的地区之一，也是拉动我国经济发展的重要引擎。推动京津冀协同发展，是适应我国经济发展进入新常态，应对资源环境、区域发展等系列挑战，加快转变经济发展方式、培育增长新动力和新的增长极、优化区域发展格局的现实需要，意义重大。

京津冀地区作为国家自主创新战略的重要载体，是打造中国创新中枢、建设具有国际影响力、引领和支撑全国经济社会发展的主阵地之一。2014年，京津冀协同发展战略首次上升到国家战略层面，京津冀协同发展取得实质性突破。2015年，《京津冀协同发展规划纲要》审议通过，明确了京津冀三地的功能定位，指出京津冀协同发展的核心是有序疏解北京非首都功能，要在京津冀交通一体化、生态环境保护、产业升级转移等重点领域率先取得突破。自此，京津冀协同发展的顶层设计基本完成，推动实施这一战略的总体方针已经明确。2016年，《"十三五"时期京津冀国民经济和社会发展规划》印发实施，提出把京津冀作为一个区域整体统筹规划，在城市群发展、产业转型升级、交通设施建设、社会民生改善等方面一体化布局，努力形成京津冀目标同向、措施一体、优势互补、互利共赢的发展新格局。

一、京津冀区域开展协同创新的进展与成效

自2014年以来，京津冀三地政府积极响应，纷纷制定促进京津冀协同发展的相关政策，在科技、产业、交通、生态、公共服务协同发展等领域展开一系列实践探索，优势互补、互利共赢、协调发展的趋势开始显现，进一步推动了京津冀协同发展进程。

（一）坚持创新引领，京津冀协同创新"软环境"逐步形成

京津冀协同发展需要科技协同创新的支撑。通过深化协同创新体制机制改革，营造京津冀科技协同创新发展的"软环境"，强化全国科技创新中心建设，打造我国自主创新源头和原始创新策源地，发挥市场在资源配置中的决定性作用，推动科技创新资源在京津冀区域内开放共享，加快科技创新成果有序转移和高效产业化，优化创新发展环境，以科技协同创新支撑京津一体化发展。

1. 推进京津冀协同创新体制改革和试点示范

金融、财税等方面的体制改革是推进京津冀协同创新的重要保障，三地在完善协同创新体制方面进行了实践探索，并取得了一些成效。目前，京津冀已被确定为全国 8 个全面创新改革试验区之一，试点方案正在加紧制订。

财税改革方面，配合财政部、税务总局制定出台《京津冀协同发展产业转移对接企业税收收入分享办法》，京津冀积极推动迁出地与迁入地之间建立财政利益共享机制，促进区域间产业合理流动和布局。

金融改革方面，银行金融机构采取系列措施支持京津冀一体化战略。中国银行北京分行成立了京津冀协同发展工作小组，牵头与河北分行、天津分行开展业务对接，建立了联动沟通协调工作机制。北京银行发挥管理、服务、经营和资本优势，妥善化解河北蠡县农信社遗留的金融风险。华夏银行京津冀协同借记卡在三地七市异地取款免收手续费，北京地区发卡量已达 21 万余张，较年初增长 140.5%。截至 2015 年 6 月底，北京银行业已支持京津冀重大项目贷款余额近千亿元，支持市重点工程贷款余额 1155.12 亿元，当年新发放贷款 322.66 亿元，同比分别增长 35.07% 和 73.74%。如国家开发银行北京市分行以政策性金融引导同业推动首钢集团、北汽等总部集团在津冀地区优化产业布局，牵头项目

银团贷款余额已达 237.84 亿元。此外，在金融方面，还积极设立首钢京冀协同发展产业投资基金（母基金规模 200 亿元），支持首钢北京园区和曹妃甸协同发展示范区的开发建设。

海关方面，通关一体化改革持续深化。2014 年，海关总署出台《京津冀海关区域通关一体化改革方案》，提出京津冀地区企业都将被视为一个关区的企业，享受一体化通关待遇，天津港腹地地区的企业，在京津冀通关时也可享受一体化通关待遇。这样一来，天津经北京空运进口货物通关时间、北京经天津海运进口货物通关时间和运输成本均节省近三成，企业物流运输成本明显降低。

旅游方面，京津冀三地在旅游协同发展上一共制定了 28 项重点任务，目前已完成三分之一，旅游"一张图、一张网、一张卡"已基本实现，北京、天津及石家庄、唐山、沧州 5 地多条旅游直通车正式开通。具体执行措施包括："2014 京津冀旅游一卡通"全面发行，该卡可在京津冀 600 余家旅游景区享受优惠门票价格；召开京津冀旅游协同发展第二次工作会议，确定了京津冀旅游协同发展工作协调机制，制定了京津冀旅游协同发展在 2014 年、2015 年及至 2017 年具体落地项目对接方案；京津冀合建京东休闲旅游示范区；北京市旅游委、天津市旅游局、河北省旅游局、丰台区政府共同举办首届京津冀红色旅游联展，三地联合推出 10 条红色旅游路线。

2．建立京津冀协同创新长效合作机制

2014 年 8 月北京市科委、天津市科委、河北省科技厅签署《京津冀协同创新发展战略研究和基础研究合作框架协议》。根据协议，三方将建立京津冀区域协同创新发展战略研究和基础研究长效合作机制，搭建三地共同研究战略平台，重点聚焦科技创新一体化、生态建设、产业协同发展、政策协同创新、科技资源共享等方面，打造京津冀科技协同创新发展的"软环境"，全面提升京津冀协同创新水平。

战略研究层面，三方将围绕京津冀协同创新发展的顶层设计、产业创新、基础研究和前沿研究、科技资源共享、政策协同开展战略研究，为京津冀协同创新发展提供决策支撑。围绕京津冀协同创新发展等主题，联合申报科技部相关项目（课题），并在三方各自的软科学研究专项经费中，设立专门研究资金。三方还将建立和完善战略对话、信息交流、工作对接的协同机制和长效机制，共享战略研究成果和信息，实现战略研究资源和研究成果的开放共享。同时，积极探索新型智库建设，围绕京津冀协同创新发展，发挥三方人才和战略研究的优势，培育科技战略研究团队。

基础研究层面，三方将提高科技资源在三地间的充分利用与开放共享，推动科技创新资源的自由流动与优化配置。建立三地共享科技报告体系，实现基础研究项目成果的开放共享。针对共同关心的热点、难点科学问题和产业共性关键技术需求，三方将在有共性需求的重点领域，设立三地合作专项，分别予以支持，并鼓励三地科学家合作申请。合作专项项目采取共同组织的方式，三方共同确定重点领域、编制指南，凝聚优势研究力量开展区域联合攻关，解决重大共性科学问题，并共同推进成果利用，促进成果在三地共享与转化落地。

3．构建京津冀国际科技合作机制

在 2014 中国（北京）跨国技术转移大会开幕式上，京津冀三方科技部门签署《北京市科委、天津市科委、河北省科技厅共同推动京津冀国际科技合作框架协议》，三方将共享国际科技合作资源，建立国际科技合作机制，推动园区、机构、技术成果落地京津冀地区。2014 年 8 月，京津签署多项协议，将在 30 个重点领域深化合作，协同推动科技创新一体化发展。未来将发挥北京全国科技创新中心、天津现代制造中心的优势，以北京中关村、天津滨海新区等园区为重点，共同推动双方创新链深度融合。充分发挥首都科技条件平台的作用，鼓励双方开放重点实验室、工程技术研究中心、企业中试基地、科技孵化机构等。

4. 营造京津冀创新创业良好氛围

北京拥有丰富的创新创业服务资源，天津和河北在探索科技创新创业服务业发展过程中，缺乏专业的运营团队、服务经验。为了解决服务资源的不均衡问题，2015 年 5 月，北京市科委发起成立首都创业导师志愿服务团，导师由中关村科学家、高级科研人员和创业服务机构负责人等组成。通过成立首都导师志愿服务团，一方面，可以提高京津冀创新创业整体服务水平，促进京津冀创新创业服务机构的发展，促进京津冀协同发展；另一方面，北京作为全国科技创新中心，充分发挥其优势资源辐射带动作用，促进其创业服务业品牌服务输出。首都创业导师志愿服务团成立之后，多次赴河北、天津举办活动，指导当地的创新创业活动。

5. 打造京津冀协同创新共同体

为进一步推动京津冀协同发展，建设京津冀协同创新共同体，大力促进创新驱动发展，2015 年 9 月，北京市科委发布实施《北京市科学技术委员会关于建设京津冀协同创新共同体的工作方案（2015～2017 年）》。《工作方案》瞄准"京津冀协同创新共同体"的建设目标，部署了三项重点任务：一是完善政策互动机制、资源共享机制、市场开放机制等三个协同创新机制；二是建设创新资源平台、创新攻关平台、创新成果平台等三类协同创新平台；三是实施高端产业培育工程、传统产业提升工程、生态安全工程、服务民生工程等四项协同创新工程。将通过建设京津冀协同创新共同体，积极打造国家自主创新重要源头，促进高端创新资源集聚，完善区域协同创新机制，推动区域创新资源整合共享。2016 年，中关村国家自主创新示范区领导小组印发实施《中关村国家自主创新示范区京津冀协同创新共同体建设行动计划（2016～2018 年）》，提出到 2018年，在"4+N"重点区域，初步形成以科技创新园区链为骨干，以多个创新社区为支撑的京津冀协同创新共同体。同时，为了加快建设京津冀协同创新共同体，进一步发挥中关村示范区的引领支撑和辐射带动作用，行动计划提出了实施政策先行先试工程等在内的协同创新共同体建设的"六大工程"，核心是高效聚合政策、人才、金融等创新要素资源。

为建设京津冀协同创新共同体，三地已经开展了一系列实践探索：北京金隅集团建筑材料科学研究总院与河北睿索固废工程技术研究院在承德市共建京津冀尾矿综合开发利用技术联合攻关研究院；北京与张家口市联合制订科技冬奥行动计划，整合两地创新资源，为联合举办 2020 年冬奥会提供科技支撑；北京与河北省共建石家庄科技大市场，与天津滨海新区共建科技成果转化基地，促进三地创新资源跨区域开放共享；依托中关村—滨海大数据创新战略联盟，加快打造"中关村数据研发—张北数据存储—天津数据装备制造"等上下游环节贯通的"京津冀大数据走廊"；成立中关村科技园区咨询投资有限公司，为合作共建园区提供规划咨询、开发建设支撑；设立中关村协同创新共同体合作基金，引导社会资本参与京津冀创新合作；通过北京品牌输出及运营管理经验输出，合作共建保定中关村创新中心，软通动力、华北电力大学等 14 家创新主体签约入驻；中关村海淀园秦皇岛分园已有 20 多个软件信息服务业等项目落地；石家庄集成电路封装测试产业基地加快推进，预计 2017 年初步完成园区开发建设，首批核心封测企业和上下游企业入驻，实现京津冀集成电路产业统筹布局。

（二）坚持优势互补，京津冀产业协同发展持续推进

2015 年，京津冀三地继续加大产业对接力度。一方面，北京加快推进不符合首都功能定位产业的退出，全年关停退出污染企业 326 户，拆并疏解商品交易市场 57 家。另一方面，天津、河北积极引进项目和资金。天津全年承接非首都功能项目 860 个，引进京冀投资 1739.3 亿元，增长16.5%，占全市实际利用内资的 43%，比上年提高 1.5 个百分点。河北截至 2015 年 1~10 月引进京津项目 3621 个，资金 2748 亿元，分别占

全省的 39.6% 和 47.3%。未来科技城京津合作示范区、北京（曹妃甸）现代产业发展试验区、津冀循环经济产业示范区等一批产业园区建设加快推进。

1. 聚焦"4+N"产业合作功能区，扩大聚集示范效应

将产业一体化作为有序疏解北京非首都功能、推动京津冀协同发展的实体内容和关键支撑，聚焦"4+N"①的产业合作功能区，积极推动产业有序转移承接，努力推动形成聚集效应和示范作用（表 7-1）。

聚焦曹妃甸协同发展示范区建设。共同建立联席会议制度，组建建设投资公司，制订完成先行启动区开发建设方案，启动基础设施建设。正式发布北京（曹妃甸）现代产业发展试验区产业发展规划。鹰目精密钣金制造、汉能薄膜太阳能光伏组件等首批 13 个项目开工建设，森田集团环保科技园等项目陆续签约，首钢京唐二期项目开工建设。

聚焦北京新机场临空经济合作区建设。京冀共同签署了《关于北京新机场建设跨省域管理框架协议》，为京冀两地主管部门开展建设期监管和服务工作提供了重要依据。围绕提升国际交往中心功能和保障国际一流的航空服务，科学规划临空经济区功能布局，强化规划管控作用，严格控制人口规模。

聚焦张（家口）承（德）生态功能区建设。充分发挥市属国企产业项目带动作用，积极引导绿色产业到当地发展，旅游、养老、农业各类合作项目加快推进。首农集团张承物流仓储加工区、农产品交易中心、冷藏库等项目加快建设，为张家口、承德农产品进京提供畅通渠道。

聚焦天津滨海—中关村科技园建设。共建方案初步完成，拟定了共建目标和定位、规划布局、发展模式、管理体制、政策建议、进度安排等，将重点从园区规划、建设运营、创新资源开放共享、产业集群培育、

---

① "4"是指曹妃甸区、新机场临空经济区、张承生态功能区、滨海新区 4 个战略合作功能区主体，"N"是指其他合作区域。

创新创业生态建设、科技体制机制改革等方面强化合作。中关村创新主体与天津滨海新区进一步对接合作，目前已有奇虎 360、北大新一代信息技术研究院等企业、高校院所的一批项目落户天津滨海新区，启迪之星、中科院微电子所等一批项目正在洽谈中。

一批重大产业合作项目成效明显。北京现代第四工厂河北沧州工厂正在进行钢结构施工，2016 年建成后将形成年产整车 30 万台的产能。总投资 800 亿元的河北省张北县庙滩产业园云计算项目开工建设。北京市 22 家生物制药企业集中签约落户北京·沧州渤海新区生物医药产业园，该产业园总投资 61 亿元，康辰制药、普瑞东方、协和药厂等 9 家企业已先期开工。新乐县三元工业园项目完成厂房建设。平谷区与河北省三河市共建跨地区的京冀通航产业园，50 余家通航类研发、运营、制造企业相继进驻。2014 年以来，各类在京企业在津、冀投资项目累计分别达到 865 个、6431 个，资金分别达到 2403 亿元、5686 亿元。

表 7-1　"4+N"产业合作功能区 2015 年主要进展情况

产业合作区	2015 年进展
曹妃甸协同发展示范区	工作架构基本搭建，先行启动区开发建设方案制定完成，试验区产业发展规划正式发布，首钢京唐二期等一批项目开工建设
北京新机场临空经济合作区	规划已经领导小组会议审议，强化规划管控作用，严格控制人口规模
张承生态功能区	积极引导绿色产业到当地发展，旅游、养老、农业各类合作项目加快推进
天津滨海—中关村科技园	共建方案初步完成，奇虎 360、北大新一代信息技术研究院等企业、高校院所的一批项目落户天津滨海新区
重大产业合作项目	北京现代第四工厂河北沧州工厂、河北省张北县庙滩产业园云计算项目、北京沧州渤海新区生物医药产业园、新乐县三元工业园项目、京冀通航产业园项目等扎实推进

表格来源：首都之窗

2．共建产业合作园区，带动京津冀产业提质增效

北京与河北积极开展合作共建产业园区，主要包括：

（1）中关村海淀园与秦皇岛经济技术开发区合作共建海淀园秦皇岛分园，并正式挂牌；

（2）保定与中关村开展全面合作，揭牌成立保定·中关村创新中心，并与中关村领创空间科技服务有限公司签约，实现了高起点、多领域、全方位的合作，中关村领创空间北京·保定·硅谷三地运营同时启动；

（3）北京市通州区政府与河北省邢台经济开发区管委会签署框架协议，双方将在邢台经济开发区内共建通州·邢台产业园，重点在产业、人力资源与技术、商贸物流、休闲旅游、健康医疗五个领域展开合作，打造冀中南地区京津冀协同发展试验示范区；

（4）中关村科技园昌平园怀来分园将开工建设，该园将承接昌平园部分企业的产业转移。

天津通过建设三大快递物流园区，打造北方快递物流中心。具体包括：依托天津机场建设的航空快递物流园区；东疆保税港区内建设的以快件海淘保税仓为主导的快递物流园区；在武清电子商务产业园区内搭建的以服务电商为主导的快递物流园区。

3．共建产业技术创新联盟，促进京津冀资源共享

三地通过构建京津冀产业技术创新联盟，加快建立以企业为主体、市场为导向、产学研相结合的技术创新体系，促进京津冀资源共享，构建京津冀产业对接与合作长效机制。

第一，建立了京津冀钢铁联盟，促进京津冀钢铁行业绿色发展。2015年4月，京津冀三地科技部门推动成立了"京津冀钢铁行业节能减排产业技术创新联盟"（简称京津冀钢铁联盟）。首批成员单位包括北京科技大学、中国钢研科技集团有限公司、新兴际华集团有限公司、天津渤海钢铁集团、河北钢铁集团有限公司、首钢集团、建设银行、平安银行、北京银行等85家机构，涉及京津冀区域钢铁节能减排领域的高等院校、科研院所、工程公司、装备制造生产企业、大型钢铁生产企业以及科技、金融服务机构等，联盟通过构建相互促进的"三平台一示范区"创新工作模式，依靠科技进步实现钢铁产业的转型升级，促进钢铁行业节能减排，实现绿色发展。2015 年 8 月，北京市科委、迁安市人民政府、京津冀钢铁联盟签署战略合作框架协议。根据协议，北京市科委和钢铁联盟将发挥首都智力资源优势，为迁安市产业结构调整、重点工程项目等提供战略咨询、评估、论证和技术支持，共同把迁安建设成为钢铁行业节能减排产业转型升级的科技示范区，助力迁安发展绿色钢铁。

第二，建立了京津冀开发区创新发展联盟。2015 年 7 月，京津冀三地 18 家开发区、自贸区及协会共建"京津冀开发区创新发展联盟"，联盟单位将共同打造高水平开放平台，通过"线上+线下"的服务模式，搭建信息交流、项目对接和投融资等服务平台，构建全方位、可持续、一体化的产业发展、企业服务、创新创业体系，推进京津冀三地产业对接合作。京津冀开发区创新发展联盟的成立，实质在于掌握重要发展资源的开发区一起谋篇布局、一起制订规划、一起布局项目、一起出台政策，共同选择符合京津冀可持续发展的战略性新兴产业，按照资源禀赋，将全产业链在京津冀整合布局，实现京津冀产业协同发展，并由此带动京津冀各地的产业发展。联盟牵头搭建"京津冀产业创新引领公共服务平台"，为三地开发区企业跨地区资源对接提供信息、服务、金融等资源，推进京津冀三地产业对接合作。

（三）坚持联防联治，京津冀生态环境空间容量不断扩大

2015 年，京津冀三地继续加大对高耗能、高污染企业的治理力度，建立区域大气污染联防联控机制，节能降耗减排扎实推进。在三地共同努力下，京津冀节能减排和环境建设成效显著。2015 年，三地规模以上工业综合能源消费量分别下降 7.3%、5.2%和 1.9%，规模以上工业万元增加值能耗分别下降 8.2%、13.2%和 6%。同时，空气质量有所改善，全年京津冀 PM2.5 平均浓度下降 10.4%。

1. 推进大气污染协同治理

大气污染已成为京津冀共同面临的严峻挑战，三地将推进协同创新与破解大气污染等制约区域发展的重大瓶颈问题紧密结合起来，进一步深化京津冀及周边地区大气污染防治协作机制，积极推进机动车排放污染控制协同治理。

（1）三省市联合组织申报"京津冀区域大气污染联防联控支撑技术研发与应用"项目，总经费4656万元。该项目技术由中国环境科学研究院负责牵头，中国环境科学研究院副院长柴发合研究员担任首席科学家，北京市环保科学研究院、北京市环境监测中心、天津市环境科学研究院、天津市环境监测中心、河北省环境科学研究院、河北省大气预警中心等18家单位参加，下设"京津冀区域空气质量综合观测与成因分析技术研究""京津冀区域大气污染物动态排放特征及更新机制研究""京津冀区域重污染预报预警技术改进、集成及业务化示范""京津冀区域重点领域大气污染防治技术优化与示范"等课题。

（2）针对雾霾天气防治工作，河北省气象局联合京津气象部门制定了《人工消减雾霾技术方案》，目前已开展两次飞机探测实验，获取了一定的空间探测数据，为通过人工措施缓解雾霾压力提供了初步依据。为加强对雾霾天气的监测、预警和缓解，在开展探测实验的同时，河北省还通过建立地面环境气象观测系统、人工增雨雪作业、推进空气污染防治气象保障工程建设以及开展环境气象技术研究，探索消减雾霾新路径。

（3）2015年北京正式与廊坊、保定签订大气污染防治合作协议，并拿出4.6亿元支持两市加快推进大气污染治理。不到一年时间，治理效果初现，两市共减煤77万吨，每年可减排二氧化硫6000余吨。聚焦压减燃煤、控车减油、治污减排、清洁降尘等四大领域，北京全年压减燃煤约600万吨。天津控车、控尘、控工业污染等多措并举，污染防治取得成效。河北也加大黄标车淘汰力度，开展碳排放交易试点，加强节能降耗。

2．加大环境综合治理力度

京津冀三地除了重视大气污染协同治理，还同时推进生态环境的综合治理，在水污染防治、风沙治理、耕地保护、林业治理和园林绿化等方面全面开展合作。具体措施如下。

（1）在水污染防治方面，三地签署《京津冀水污染突发事件联防联控机制合作协议》；建立京冀生态水源保护林；2015 年至 2017 年期间，北京市与河北省将在承德市的滦平县、丰宁县、兴隆县和张家口市的赤城县、沽源县等两市五县开展生态清洁小流域协同建设，治理面积将达到 600 平方公里，2015 年，50 平方公里水土流失治理任务的试点项目已经开工；密云水库上游稻改旱工程、张（家口）承（德）水资源环境治理合作年度任务全面完成。

（2）在风沙治理方面，北京市正式启动京津风沙源治理二期工程项目。该项目范围涉及门头沟、昌平、平谷、怀柔、密云、延庆、房山、大兴 8 个区县及 4 个市属林场。

（3）在林业治理方面，三地签署《京津冀协同发展林业有害生物防治框架协议》，研究制定北京市生态功能红线划定工作方案，共同实施京津三北防护林建设、太行山绿化、退耕还林、京冀林木有害生物联防联治项目等一批重点工程，为加强区域生态建设与保护奠定了良好基础。

（4）在能源管理方面，京津冀环保部门签署了 3 个重要的"跨界环保"协议：统一开展区域煤炭管理，统一区域新车和油品标准，实现环境执法联动。京津冀签署了"跨界环保"协议后，根据协议，三地环保部门将统一开展区域煤炭管理，加强区域清洁能源供应保障，统一区域新车和油品标准，组织开展环渤海区域船舶污染联防联控，建立京津冀空气质量协调管理中心。

3. 建立生态安全保障机制

京津冀三地通过共建生态安全保障机制，为京津冀生态一体化提供制度依据。具体措施如下。

（1）京津冀三地环保部门协商建立了环境执法联动机制，在发生跨区域、流域环境污染或空气质量重污染等时期，京津冀三地环保部门将开展联动执法，共同打击区域内环境违法行为，推动环境质量改善。

（2）京津冀三省（市）环保部门在京召开首次"京津冀环境执法与环境应急联动工作机制联席会议"，正式启动了"京津冀环境执法联动工作机制"。

（3）平谷区已联合蓟县、廊坊北三县建立生态合作机制，创建京津冀国家生态文明先行示范区，围绕拓展绿色空间和改善河湖水岸为重点进行生态建设，与津冀两地合力打造首都生态屏障、创造生态价值。

（4）北京市环保局、天津市环保局、河北省环保厅共同签署了《京津冀凤河西支、龙河环境污染问题联合处置协议》，正式建立京津冀凤河西支、龙河水环境污染联合执法机制。

4. 共建跨区域生态环保园区

京津冀通过共建一批跨区域生态园区和基地，为保护和治理三地生态环境提供技术支撑。具体措施如下。

（1）京津冀三地土壤肥料系统携手创建了土壤、肥料、水体协同发展创新联盟，联手防控农业面源污染，并推广水肥一体化高效灌溉施肥、污染土壤修复技术、土肥水资源高效利用物联网应用等一批创新技术。

（2）京津冀三地共同启动了蔬菜病虫害全程绿色防控示范基地建设工作，计划2015年协同建设绿色防控示范基地80个，其中北京40个，天津、河北各20个，单体规模不小于200亩。

（3）北京林业大学在河北保定市成立"北京林业大学白洋淀生态研

究院"、"北京林业大学木结构建筑研究与检测中心"。

（4）北京林业大学在张家口市成立"北京林业大学国家大学科技园生态科技协同创新中心"，以实现政产学研用融合对接，满足核心技术研究和产业化需要，为张家口市生态建设提供有力的科技支撑。

（5）京津水源地承德市启动了 2016"双百行动"，对该市 100 家重点矿山企业进行修复绿化，关停取缔 100 家资源品位低、经济效益差、矿山生态环境不达标的矿山企业，拉开了创建国家绿色矿业发展示范区的序幕。

（四）坚持互联互通，京津冀交通一体化进程逐渐加快

交通一体化是指通过道路、铁路、航道、航线等交通线路以及站场、港口和机场等交通基础设施，将区域内不同地点连接起来，实现交通网络一体化，在物理上实现交通的无缝连接，它包括某一种运输方式交通网一体化和各种运输方式交通网络之间的一体化。将交通一体化作为京津冀协同发展先行领域，按照网络化布局、智能化管理、一体化服务的思路，着力推动城际铁路和新机场建设，逐步消除高速公路"断头路"，提级改建国省干线"瓶颈路段"，不断提高区域互联互通水平。2015 年，京津冀三地继续加大交通领域投资力度。在首都二机场、京津城际延伸线、京沈客专、津保铁路、京昆高速公路、京秦高速公路等一批重点项目建设带动下，京津冀基础设施投资实现较快增长。京津冀三地分别完成基础设施投资 2174.5 亿元、2634.2 亿元和 5769.8 亿元，同比分别增长 7.7%、20%和 15.1%，分别高于固定资产投资增速 2 个、7.9 个和 4.5 个百分点。

1. 城际铁路和新机场建设逐步推进

以市场化方式组建的京津冀城际铁路投资公司有序运转，京津冀城

际铁路网规划（2015～2030 年）已通过审议，提出到 2020 年，区域城际铁路规模达到 1333 公里，到 2030 年达到 3150 公里。京张铁路全线工程前置手续齐备，京霸铁路可研报告已会签上报，京唐京滨城际铁路先期工程开工建设、城际铁路联络线（S6 线）、廊涿城际等铁路项目可研编制评估正加快开展，市郊铁路平谷线走向及站位设置正在征求意见。按照《京津冀协同发展交通一体化规划》（2015），将有 27 条城际铁路联通京津冀，总规模将超过 3700 公里，轨道交通将成为路网重要骨架，区域之间将形成干线铁路、城际铁路、市郊铁路、城市轨道几个层级的交通网络。目前，北京市首条轨道交通区域快线平谷线已确定穿过河北境内，以此为起点，京津冀 1000 公里区域快线将逐步落实，京蓟城际铁路正式开通，成为国内第一条由县域始发直达首都北京的城际快车。北京新机场航站楼已于 2015 年 9 月底正式开工，周边配套基础设施建设正加快推进。

2. 高速公路和国省道加快联通

一批高速公路"断头路"、国省干道"瓶颈路"正在打通或扩容。京台高速北京段项目征地拆迁加快开展，工程建设已进场施工 10 公里，京新高速延庆路段调整手续和京开高速拓宽，京秦高速、首都地区环线高速（通州至大兴替代线）等项目前期手续正在办理，108 国道鲁家滩村至南村改建工程将于近期开工，G104、G105、G107 等一批国省道改建提级工程正在加快开展前期工作。此外，津霸客运专线、霸徐铁路正式开通运营，线路开通后，将串联起京广、京沪、京津城际、京九铁路等 6 大高铁、4 条干线。津保铁路投入运营，与京广、京沪、津秦和京津城际四条高铁无缝对接，天津成为全国高铁枢纽。

3. 交通运输服务一体化进程加快

形成《京津冀客运联程服务一体化实施方案》和《京津冀交通一卡

通互联互通实施方案》。编制完成京津冀交通一卡通互联互通业务导则，区域清分结算中心正在建设，北京、天津、张家口、廊坊、保定和石家庄等城市已正式实现一卡通互联互通。京津冀毗邻地区省际班线公交化改造试点稳步推进，道路客运北京地区联网售票系统建设完成。目前，北京地区至外埠公交线路已超过 40 条，线路长度 2710 公里，日均客运量 34 万人次。北京市缓解交通拥堵总体方案已征求国务院有关部门意见，正在抓紧修改。

（五）坚持资源共享，京津冀公共服务一体化稳步实现

京津冀加快推进优质公共资源全区域布局，强化公共服务规划和政策统筹衔接，积极缩小区域社会公共服务水平差距。

教育合作方面。北京市与河北省签署《京冀两地教育协同发展对话与协作机制框架协议》《京冀大学生思想政治教育工作协作方案》及教育合作框架协议。鼓励在京高等学校通过合作办学、学科共建、教师交流挂职等多种模式，开展区域教育合作。支持组建京津冀高等学校联盟，促进高等学校优质教学科研资源共享。北京大学与南开大学等高校联合成立京津冀协同发展联合创新中心，北京工业大学、天津工业大学、河北工业大学携手成立京津冀协同创新联盟。积极开展优质教育资源合作和教育帮扶，北京景山学校与曹妃甸区投资集团共同签署了合作办学协议。开展三地教育协同发展需求对接，探索基础教育课程开发、教材编写、教学科研等方面的合作和交流。

医疗卫生协作方面。北京已有约 50 家医疗机构与河北省 100 余家三级医院开展了多种形式的合作。北京朝阳医院、天坛医院、首都儿科研究所附属儿童医院、北京中医院与河北燕达国际医院合作深入推进。与河北省卫生计生委和张家口市政府签订了《医疗卫生协同发展框架协议》，支持张家口地区 3～4 所基础较好的医院，利用 3～5 年的技术支持

达到当地领先水平。北京积水潭医院与张家口市崇礼县人民医院签订了意向性合作协议。北京儿童医院正式托管保定市儿童医院，委托管理期为 10 年，成为京津冀一体化背景下首家推行公立医疗机构跨省托管的医院。三地共同签署疾病预防控制、卫生计生综合监督交流合作框架协议，初步建立疾病防控、卫生应急、卫生监督管理协同工作体系。三地疾病预防控制中心签订"京津冀协同发展疾病预防控制工作合作框架协议"，三方将共建京津冀"疾病防控一体化"合作平台，重大疫情将联防联控。

人力社保合作方面。北京市分别与津冀两省市签订《加强人才工作合作协议》《推动人社工作协同发展合作协议》和《医疗保险合作备忘录》。三地参保人员社会保险信息实现相互核对及协查。京津冀三地红十字组织正式签署了《协同构建人道应急体系创新发展合作联盟框架协议》，要组建由三方人员组成的京津冀人道应急联合指挥系统，研究制定《京津冀红十字系统应急工作总体规划》，编制形成三地协同应对突发事件处置预案。同时，建立应急工作联席会议制度和重大问题会商机制，健全完善情况通报制度，打造并形成三方在应急体系建设和突发事件处置中统一指挥，实现应急救援队伍和装备资源共享，完善应急救援队培训和演练协同机制。

文化方面。京津冀地缘相接、文脉相通，今后将做到资源共享、政策共享，打造共同的文化品牌，同时还将拓展低价票等文化优惠政策适用范围，让更多老百姓在文化生活方面享受到实惠。京津冀三地文化主管部门在京签署《京津冀演艺领域深化合作协议》，并宣布一系列深化演艺领域合作的举措。北京东城区文委、天津市和平区文旅局、河北省秦皇岛市文广新局等 11 家文化机构共同签署战略合作协议，组成联盟共建"京津冀公共文化服务示范走廊"，联盟成员将在公共文化资源、活动、服务、管理机制等多个方面实现共建共享，朝向一体化方向发展。此外，为落实京津冀一体化协同发展理念，北京市文联首次面向社会广招覆盖京津冀地区的文艺志愿者。

养老服务方面。张家口率先与北京探讨养老对接。养老工程项目启动，如中标投资集团有限公司在保定高碑店建设的嘉乐汇养生苑项目开工建设，建成后将成为京南保北地区综合养老康复中心，这是北京企业在河北省建设的首个享受北京市政府补贴的域外养老项目，总投资 20 亿元。未来北京市区和郊区不会再新建大型养老机构，将积极开展试点，在包括保定高碑店在内的北京周边建设大型养老社区，并通过打通医保服务等"梗阻"，承接北京老年人入住。

二、京津冀协同发展面临的困难及问题

推进京津冀协同发展是一项复杂的系统工程，是一场充满机遇和挑战的"大考"，虽然取得了积极进展，但在推进落实中还存在一些问题。具体表现在以下几个方面。

（一）京津冀地区一体化的协作机制有待强化和提高

京津冀一体化的核心是处理好区域规划的约束力问题和协作利益补偿、分享问题。

第一，京津冀一体化规划的约束力有待加强。尽管目前，《京津冀发展规划纲要》已经出台，但是规划纲要全文并未对外公布，纲要对京津冀三地功能定位、产业分工、城市布局、设施配套、综合交通体系等重大问题进行了明确的界定。纲要的形成，同时必须通过一定程序使之成为具有较强约束力的条文，"一张蓝图干到底"，保证规划的严肃性和一体化进程的顺利推进。如果仅有规划而无相应的约束与执行机制，京津冀一体化很难取得实质性的进展。目前在这方面还缺乏有关的保障条例。

第二，京津冀空间分区管理机构缺乏。所谓空间分区，是一个类似

国土功能区的概念，即按产业、城市、生态等功能对京津冀地区进行统一划分，确定每一个地区在区域内的主体功能。在此基础上，设立跨越三地的管理机构，整合原本分散在三个行政区内的同类功能。京津冀战略要想有效实施，需要从各个领域协同工作，但是目前京津冀一体化在这方面作为并不明显，没有形成有效的空间分区管理机构，促进三地的协同发展。

第三，区域协作中利益问题复杂。利益问题分为两个方面，一方面是利益补偿，比较典型的例子将出现在环境生态领域，比如，如果确定河北省应当为京津冀地区的大气质量而关停并转移更多的工厂和产业，其中所发生的成本和带来的损失，受益方就应当有一个说法。另一方面是利益共享机制，由于区域协作所产生的利益，需要在相关各方之间进行合理的分享，比如，如果河北地区为北京市产业升级提供了土地，那么北京市因挤出低端产业、发展高端产业所产生的利益溢价就要通过某种形式使河北能从中分享到一部分。只有这样，才能保证区域间的协调以一种可持续的方式进行。但是目前这些问题完全靠行政的手段强制执行，缺乏制度机制，容易导致问题的反弹。

第四，法律法规和政策标准还有待完善。随着各项工作深入推进，产业调控、资质互认、准入标准、交通运输、联合执法等方面的法律法规、政策标准对协同发展的深入推进产生了一定制约。要从实现国家治理体系和治理能力现代化的角度，强化三地对落实相关法律法规、政策和标准的协同，既打破"一亩三分地"思维定式，又避免"头疼医头脚疼医脚"的问题，达到事半功倍的效果。

（二）区域内经济联系松散，产业协同发展难度大

北京和天津都是中国的直辖市，环渤海地区的重要中心城市。作为中国的首都，北京有着别的其他城市不可比拟的科技智力支撑以及位居

前列的经济实力和历史沉淀。天津和河北靠近北京既是优势，也是劣势。河北很多城市地处山区，交通、通信等基础设施落后。区域经济一体化客观要求各城市和地区之间发展程度较接近并且各有自己的发展特色。京津冀三地经济差距较大，严重影响着京津冀区域经济一体化发展。同时，河北是能源、钢铁、重化工的重地，京津冀一体化不仅要求对一些重化工业转移、治理，更要求其进行升级改造。因此，河北治理大气污染的压力巨大。而且北京和天津是京津冀区域中的核心城市，二者经济实力接近，极易形成重复建设现象。

（三）中心城市辐射带动能力弱，京津对周边资源存在"虹吸效应"

河北环京津还有许多贫困县和贫困人口，北京人均地区生产总值是周边保定、张家口等城市的 3 倍以上，教育、医疗等公共服务的水平差距更大。尤其是随着北京城市蔓延式快速增长，在其"虹吸效应"推动下，京津冀城市群中的中小城市发展明显滞后，城市规模出现北京、天津规模过大，而其他城市规模过小的非均衡结构特征。根据测算，在能源、资源竞争力方面，北京、天津、石家庄的竞争力指数分别为 0.583、0.287、0.156；在生态竞争力方面，北京、天津、石家庄的竞争力指数分别为 0.550、0.463、0.392；在经济竞争力方面，北京、天津、石家庄的竞争力指数分别为 0.838、0.483、0.134；在公共服务竞争力方面，北京、天津、石家庄的竞争力指数分别为 0.698、0.374、0.285。这表明京津冀城市群内部的不平衡主要表现为，以石家庄为代表的河北省各城市发展水平较低，尤其是城市间的经济竞争力差距巨大，使得京津冀城市群呈现"尖塔形"发展格局，即北京、天津城市发展水平较高，而其他大部分城市受北京的"虹吸效应"影响发展滞后。正是由于京津冀城市群产业发展没有形成有效的分工与合作机制，代表城市群产业竞争力的区域性产业集群也就难以形成，最终导致城市群难以步入快速发展轨道。

（四）非首都功能疏解处于起步阶段，政策体系有待完善

疏解非首都功能尚处起步阶段，存量功能分领域疏解方案和支持激励政策尚需加快制定；京津冀协同发展城镇体系、产业升级转移、交通一体化等与功能疏解紧密相关的专项规划或刚刚出台或仍在研究，规划引导作用尚未有效发挥；京津冀三地基础设施和公共服务存在一定差距，一体化程度不高，搬迁疏解单位在土地、人员编制、社会保障、子女就学等方面政策支撑还不够细化；津冀两省市规划的承接园区较多，存在同质化竞争现象，呈现"遍地开花"状态。

三、本章小结

京津冀一体化战略实施以来，京津冀三地在促进一体化发展过程中做了很多的努力和工作，并取得了一定的进展。坚持创新驱动，积极打造京津冀协同创新"软环境"，通过协同创新体制机制改革、提供创新创业服务、建设京津冀创新共同体等手段，为京津冀协同发展提供创新支撑；坚持优势互补，持续推进京津冀产业协同发展，以共建京津冀产业合作功能区、构建产业技术创新联盟等为抓手，推动产业有序转移承接，促进京津冀产业协同发展；坚持联防联治，不断扩大京津冀生态环境空间容量，重点推进大气污染协同治理，通过建立生态安全保障机制、共建跨区域生态环境保护园区，不断加大环境综合治理力度，促进京津冀生态一体化；坚持互联互通，逐步推进城际铁路和新机场建设，加快连通高速公路和国省道，完善交通运输服务，逐渐加快京津冀交通一体化进程；坚持资源共享，在教育、医疗、社保、养老、公共文化等领域率先实现京津冀公共服务一体化。

但是，在推进京津冀协同发展的过程中，也存在着诸多问题。疏解非首都功能尚处起步阶段，存量功能分领域疏解方案和支持激励政策尚需加快制定；京津冀协同发展城镇体系、产业升级转移、交通一体化等与功能疏解紧密相关的专项规划或刚刚出台或仍在研究，规划引导作用尚未有效发挥；京津冀三地基础设施和公共服务存在一定差距，一体化程度不高，搬迁疏解单位在土地、人员编制、社会保障、子女就学等方面政策支撑还不够细化；津冀两省市规划的承接园区较多，存在同质化竞争现象，呈现"遍地开花"状态。在打造"轨道上的京津冀"方面，城际铁路前置审批手续涉及京津冀三地，审批或初审环节较多；合作共建产业园区建设方面，总体上仍处于起步阶段，产业对接合作还不够聚焦；共建园区的基础设施和公共服务配套条件还不足，需要提高承接能力。在法律法规和政策标准完善方面，随着各项工作深入推进，产业调控、资质互认、准入标准、交通运输、联合执法等方面的法律法规、政策标准对协同发展的深入推进产生了一定制约。推动京津冀协同发展，是一场重大深刻的改革，是一项庞大的系统工程，也是一场充满机遇和挑战的"大考"，因此需要各参与主体不断创新思维、深化改革，加快破除行政管理、资源配置、功能布局等方面存在的体制机制障碍，依靠协同创新引领改革大潮，不断推进京津冀协同发展。

第八章　打造京津冀协同创新共同体的思路与重点

　　首都经济圈是以首都城市为核心，由首都及周边城市共同组成的联系紧密、分工明确、具有一体化发展趋势的区域经济体和城市集合体，是大都市区的特殊形态。推动京津冀协同发展，是党中央、国务院在新的历史条件下做出的重大决策部署，是一项重大国家战略。协同发展根本要靠创新驱动，核心是要发挥科技创新的支撑引领作用。纵观全球经济发展态势，以北京为核心的首都经济圈地区不仅是世界经济最为发达的区域，也是集聚丰富创新资源、科技创新活动最为活跃的地区。随着中关村国家自主创新示范区建设的深入推进，发挥首都经济圈科技资源优势、产业基础，强化区域协同创新的体制机制建设，必将有效提升首都经济圈的整体发展实力，对促进京津冀一体化发展发挥更为显著的支撑引领作用，也是贯彻落实习总书记关于实施创新驱动发展战略和京津共同谱写社会主义现代化"双城记"指示精神的客观要求。

一、总体思路

　　新形势下，按照党中央、国务院关于实施创新驱动发展战略和推动京津冀协同发展的部署要求，坚持"创新、协调、绿色、开放、共享"的发展理念，以促进京津冀协同发展为主题，以建设京津冀协同创新共同体为主线，着力整合三省市创新资源，统筹推进科技领域和经济社会领域体制机制改革，以各类科技园区和产业集聚区为载体，以重大工程和重点项目为抓手，联合共建一批跨区域的产业技术协同创新基地，完善一体化要素市场和科技服务体系，共同推进首都建设全国科技创新中心，把首都经济圈建成我国区域协同创新的示范区、国家创新驱动发展战略的先行区及引领全国辐射周边的创新发展战略高地，打造中国经济发展新的支撑带。

具体来说，应该坚持如下几项基本原则。

一是问题导向，深化改革。紧紧围绕京津冀协同创新共同体建设，加大改革力度，消除隐形壁垒，着力破解区域协同创新的体制机制障碍和深层次矛盾问题，协同打造创新驱动发展的良好生态和社会环境。

二是产业引领，重点突破。以推进产业有效对接、转型升级和破解区域协调发展的重大瓶颈问题为重点，加快重大关键技术攻关与产业化示范，提升产业技术创新供给能力，贯通产业创新链条，节约资源、优化结构、提高效率，培育和发展具有国际竞争力的优势产业。

三是协同一体，共赢发展。围绕京津、京保石、京唐秦三大发展轴，曹妃甸区、新机场临空经济区、张承生态功能区、滨海新区四个战略合作功能区主体，强化创新主体开放联动和创新资源流动共享，提升存量资源协同效益，优化增量资源协同配置，实现一体化的创新政策环境、产业创新布局、技术交易市场、人才培养和流动机制，有效弥合发展差距。

四是市场导向，政府推动。发挥市场配置资源的决定性作用，营造公平、开放、透明的市场环境，增强企业等创新主体活力与动力。发挥政府宏观引导、政策激励、监督服务作用，强化对三省市的分类指导和差异化支持。围绕三省市各自特色和优势，充分发挥地方主体作用，提升区域整体创新效能。

二、发展目标

到 2017 年，全国科技创新中心的辐射带动作用发挥显著，京津冀协同创新共同体基本形成，创新驱动协同发展的制度环境和政策体系进一步完善，支撑交通、生态环保、产业三个重点领域率先取得突破，三省市及区域整体创新驱动发展水平显著提升。

到 2020 年，定位清晰、分工明确、开放共享、协同一体的创新格局进一步优化，区域核心竞争力和国际化水平明显增强，打造形成全国创新驱动经济增长的新引擎。

三、重点任务

瞄准"京津冀协同创新共同体"的建设目标，坚持"一盘棋"思想，立足各自特色和比较优势，进一步明晰三省市创新发展优先领域，协同推进全面创新改革试验，打造全国科技创新高地，整体提升区域核心竞争力。

（一）明确创新发展重点与方向

支撑京津冀区域整体功能定位，强化三省市创新链、产业链、资金链深度融合，实现合理分工与有序协作。北京重点提升原始创新和技术服务能力，打造技术创新总部聚集地、科技成果交易核心区和全球高端创新中心及创新型人才聚集中心；天津重点提高应用研究与工程化技术研发转化能力，打造产业创新中心、高水平现代化制造业研发转化基地和科技型中小企业创新创业示范区；河北重点强化科技创新成果应用和示范推广能力，建设科技成果孵化转化中心、重点产业技术研发基地、现代农业技术应用基地和科技支撑产业结构调整与转型升级试验区。

（二）协同推进全面创新改革试验

加强京津冀创新政策顶层设计，加快推动中关村、天津国家自主创新示范区先行先试政策和自由贸易试验区适用政策推广落地，协同制定和实施一批有效适用的政策。加强三省市国家自主创新示范区、自由贸易试验区、综合保税区等区域内创新政策的信息共享和统筹衔接，发挥政策叠加效应。根据高新技术企业整体搬迁、异地建分支机构等不同情况，制定享受高新技术企业优惠政策的具体措施，促进企业跨省市流动。逐步建立利益分享机制，采取跨行政区异地合作等模式，建立企业跨省市设立生产基地、研发中心的税收分成机制，鼓励区域内产业有序对接转移。制定三省市统一技术标准的政府采购目录，开展创新定制采购、商业化采购、公私合作采购等新型政府采购，加大创新产品和服务的采购力度。完善央地、军民对接机制，支持中央单位创新成果在三省市落地转化。建议以科技部与两市一省主政官员为主，建立协同推进创新驱动发展的工作机制，加强三省市创新驱动发展战略规划、政策和重大项目、重大工程的统筹衔接，建立健全京津冀创新驱动发展的评估、考核、激励机制。统筹都市区建设发展规划、预算、财税和各项改革决策，为都市区发展提供强有力的指挥体制和协同组织机制。建立定期沟通制度，加强统筹部署和协调联动；建立区域科技创新发展专家咨询机制，联合开展重大战略问题研究，加强京津冀区域创新驱动发展的高层次研讨。

（三）着力打造重点产业带

在产业对接协作方面着力打造七大产业带和数十条产业链，由易到难分层次推进：环京津商务休闲旅游产业带、环渤海石油海洋化工产业带、京津冀北电子信息产业带、京津冀现代物流产业带、渤海湾船舶修造产业带、京津冀新能源产业带以及中国北方高端装备制造产业带。推进和优化调整五条产业带：首都第二机场—天津北部三个区县—廊坊—京东片区—京南片区的环首都战略性新兴产业区和临空经济区；北京—天津—廊坊现代服务业和现代制造业产业带；邯郸—邢台—天津—唐山钢铁和纺织专业化产业带；石家庄—保定—衡水传统服务业和传统制造业产业带；张家口—承德—秦皇岛供水、空气、旅游等资源型产业带。以三地优势互补产业为依托，提升传统产业的创新水平，培育新兴技术产业，加强现有产业的空间调整和对接，促进技术创新和商业模式创新。

（四）完善区域协同创新机制

打破区域行政界限和管理机制条块分割，充分发挥市场配置资源的决定性作用，促进京津冀地区有利于协同创新的各种政策机制、资源成果、人才团队等有效整合对接，以政府引导、市场主导逐步形成京津冀区域内创新要素科学、有效、顺畅的配置格局。

首先，专项、综合政策互动机制。 研究在京津冀区域内实现高新技术企业互认备案、科技成果处置收益统一化、推行创新券制度等相关政策。推动中关村自主创新示范区政策在京津冀相关地区落地。研究自主创新示范区、自贸区、保税区等多区政策叠加对协同创新的激励方式，探索"负面清单""权力清单"等行政管理体制改革模式。配合市相关部门研究促进创新人才跨区域流动的政策措施等。

其次，信息、成果、人才及联盟资源共享机制。 整合京津冀地区科技信息资源，建立工作信息沟通机制，跟踪发布科技合作动态、针对热点问题开展舆情分析，促进三地科技项目库、成果库、专家库、人才库等信息资源互动共享；进一步提高科研基础设施、科学仪器设备、科学数据平台、科技文献、知识产权和标准等各类科技资源的共享和服务能力。落实《京津冀国际科技合作框架协议》，建立和完善合作机制，充分利用和共享中国（北京）跨国技术转移大会等国际创新合作平台，进一步对接国际创新资源和渠道，推动国际创新项目成果在京津冀地区落地；定期召开京津冀技术成果转化对接（或产业投资需求对接）推介会。推动共享专家智库信息，筛选出京津冀协同创新领域表现突出的科技人才，定期开展京津冀人才（高研班、技术经理人、技术经纪人等）培训班。推动成立产业、专业领域等多种形式联盟，充分整合联盟资源，发挥联盟在京津冀协同创新中的优势作用，促进京津冀产业对接合作，提升区域协同发展能力。

最后，技术、科技消费及科技投融资市场开放机制。研究建立统一的京津冀技术交易市场；加强技术交易团队培养和技术转移机构培育，促进京津冀技术市场交易一体化，向京津冀地区全境辐射。建立服务全国的京津冀新技术新产品（服务）采购平台；通过首购、订购等方式，支持三地新技术新产品（服务）和首台（套）重大技术装备进入市场。推动京津冀科普资源进一步开放共享，打造科普旅游路线。促进三地投融资市场融合，配合科技部发起设立"京津冀科技成果转化联合投资基金"，引导社会资本加大投入，加快推进京津冀区域协同发展。

（五）实施协同创新四项工程

围绕京津冀产业、生态、民生等重点领域，实施协同创新工程，实施周期为三年。

首先，高端产业培育工程。围绕新材料、生物医药、节能环保、新能源汽车、现代服务业、新一代信息技术、高端装备制造等战略性新兴产业发展，引导首都创新成果等在合作区域产业化，培育区域性高端产业发展，促进以创新驱动为主导的高端产业在京津冀地区逐步形成。

其次，传统产业提升工程。围绕钢铁、电力、建材、服装纺织等传统型产业，发挥首都创新优势，以先进技术和设计理念全面提升区域产业转型升级，以协同创新促进产业优化发展。

再次，生态安全工程。围绕张承地区作为首都重要生态屏障和水源地的区域定位，从食品安全、水源保护、矿产资源优化利用、绿色能源示范、大气环境治理、智慧旅游等多个层面全面提升张承地区的生态安全水平，为京津冀生态环境联动建设提供支撑。

最后，服务民生工程。围绕医疗卫生、交通运输、城市管理等领域，针对北京、天津、石家庄等大城市发展中面临的民生问题，引导京津冀科研资源进行合作。

（六）着力推动四大领域的创新合作

一是建设以中关村为核心的首都全国科技创新中心。立足三省市创新发展特色，发挥国家重大科技基础设施集聚优势，协同推进全国科技创新中心建设，强化对全国创新驱动发展的辐射示范作用。重点是完善中关村"一区多园"特色的发展格局，深入推进国家人才特区和科技金融中心建设，加快中关村科技城、未来科技城和北部研发服务和高技术产业带、南部技术制造和战略性新兴产业带建设。采取多种措施集聚国际和国内高端创新资源、服务中介机构，搭建国际化服务平台；加强基础性和应用性科学研究，加快实施国家科技重大专项，提升原始科技创新能力和原始创新成果转移转化能力，打造具有全球影响力的创新中心。

二是共建一批跨区域科技园区。首都作为全国科技创新中心，充分发挥其在集聚高端创新资源和创新成果对首都经济圈发展的辐射带动能力，加强科技创新对京津冀区域大气污染治理、交通、绿色农业、现代服务业、电子信息等合作领域的支撑力度，推动京津冀三地共建天津武清、宝坻、滨海新区、北辰、东丽和河北省的保定、廊坊、张家口等科技合作园区，使其成为科技成果转化和产业化的创新型科技园区。同时，完善科技园区行政管理体制，形成一体化区域合作创新平台和运行管理模式，共享部分先行先试政策，加快承接和孵化转化区域创新成果，形成互利共赢的科技园区发展模式。

三是推动重大共性科技问题的协作解决。针对首都经济圈城市群发展中面临的产业、人口、交通、环境等重大问题，集中区域力量协同实施重大科技合作项目，实施首都蓝天行动，重点在雾霾治理技术上开展联合攻关，整合区域内已有信息平台与科学数据资源，构建共享的区域环境监测网络；联合加强重大科技基础设施的建设与科技研发、示范，推动电子信息、装备制造、冶金等产业技术的改造升级，培育壮大科技型中小企业，有效支撑首都经济圈产业优化升级。

四是推动科技创新资源的流动与共享。围绕京津冀创新资源共享平台建设，提高首都科技资源的利用与开放共享。充分发挥中央单位科技资源高端引领作用，鼓励支持国家级科研院所在京津冀地区建立研发机构、中试基地和创新平台；搭建覆盖首都经济圈的科技条件平台工作站、区域合作站，建设大型科学仪器设备设施协作公用网，推动大型科学仪器设备、数据文献资源等开放共享。共建科技大市场，发挥首都科技创新资源优势，加速成果转移转化、技术交易、首都科技条件平台、科技金融、信息咨询、数据共享等资源要素在京津冀地区对接共享、集中示范。

（七）积极发挥国家自主创新示范区的示范带动作用

深入推进中关村、天津国家自主创新示范区建设，与京津冀区域内科技及产业园区开展合作共建，发挥知识、技术、人才、政策的辐射溢出效应。推进国家自主创新示范区与自由贸易试验区"双区联动"，建立示范区、自贸区、国家高新技术产业开发区等科技及产业园区联动发展机制。比照国家自主创新示范区政策，支持河北创建国家科技成果转化试验区，探索以政府和社会资本合作模式（PPP）等市场化机制，承接京津及国内外创新资源，建设立足河北、面向京津的成果转化高地，为促进科技成果资本化、产业化提供示范。加强示范区对外开放与合作，聚集国内外创新资源，促进科技研发、科技服务、科技金融和高新技术产业国际化发展。加强中关村国家知识产权服务业集聚区建设，发挥辐射效应。

（八）推动京津冀联合建立一批众创空间

引导和推动三省市国家自主创新示范区、高新技术产业开发区、大学科技园、科技企业孵化器、小微企业创业创新基地和有条件的企业、普通高校和职业院校、科研院所充分利用有利条件，依托移动互联网、大数据、云计算等现代信息技术，协同建设一批低成本、便利化、全要素、开放式众创空间和虚拟创新社区，为创新创业者提供个性化的工作空间、网络空间、社交空间和资源共享空间；支持三省市开展小微企业创业创新基地城市示范工作，探索以众创空间等新型载体支撑小微企业发展的有效模式；支持三省市深化商事制度改革，加快推进"三证合一""一址多照"改革，结合实际放宽新登记企业住所登记条件限制，采取一站式窗口、网上申报、多证联办等措施为创业企业工商注册提供便利；创新金融支持，发挥多层次资本市场作用，开展股权众筹融资试点，培育和发展天使投资，完善创业投资退出和流转机制，选择符合条件的银行业金融机构提供投贷联动金融服务，为初创期企业、创业者提供多元化融资服务；强化税收优惠，完善高新技术企业认证管理办法，率先支持三省市主要从事创新创业服务的科技型小微企业发展，经认定为高新技术企业的，享受企业所得税减免优惠政策，针对众创空间等新型孵化机构特点，落实科技企业孵化器、大学科技园税收优惠政策；加强创新创业教育培训，支持三省市共同开展创新创业导师河北行动、创业管理与服务从业人员培训和科技创业人才投融资集训营，举办京津冀创新创业大赛。

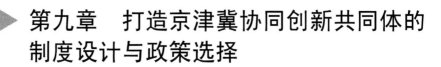

第九章　打造京津冀协同创新共同体的
制度设计与政策选择

一、建立京津冀协同创新组织协调机制

第一，成立由国家相关部门和三省市组成的"京津冀协同创新发展领导小组"，统筹京津冀协同创新发展事宜，并加强与国家创新驱动战略、京津冀协同发展规划等国家重大战略的衔接，制定中长期发展规划、实施方案和行动计划。

第二，建立三地科技部门的联席会议，定期召开会议协调解决创新合作中的重大问题，积极推进重点科研基地、平台运行以及重大产业化工程等方面的工作。

第三，探索建立创新合作的转移支付体系，健全大型科技合作共建项目的利益分享和风险分担机制，维护各方的正当权益，保障各方参与科技创新合作的积极性。

第四，创新中央对地方政府、上级政府对下级政府的考核、官员评价等体系；改革地方财政、税收等区域利益的分配和补偿机制，建立生态补偿基金；衔接、协调、统一三地的法规、政策，实现发改、国土和城乡规划"三规合一"，从制度上保障区域协同发展和一体化进程。

二、加强京津冀区域协同创新服务保障

开展京津冀区域协同创新服务体系的试点示范。坚持创新机制、整合资源、盘活存量、开放共享的原则，加强区域内产学研资源共享机制，建设三地科技资源开放共享平台和协同创新服务体系。建设区域科技信息平台，建立互联互通的技术交易市场，发展各种类型的技术转移机构，促进科技成果在京津冀区域转移转化。在开放区域内已有大型科学仪器设备的同时，根据实际需要，三地合作共建一批重点实验室、产业技术研究中心、试验平台和检验检测中心。如打造河北白洋淀科技城等协同创新平台和区域科技公共服务平台，引导京津各类创新平台基地向河北开放共享、提供服务。充分发挥北京科技服务业的优势，建立跨地区的创新服务协作平台，提高科技服务的社会化、专业化水平，创新服务模式，提高服务质量。

三、强化京津冀协同创新的人才保障

实施京津冀人才圈构建工程，促进科技人才联合培养与合作交流。充分发挥北京中关村人才特区的政策优势，策划开展中关村京津冀人才圈项目对接，中关村企业家经济行等活动，共同推动三地人才、实施政策相互衔接、人才工作体系的相互配套、人才资源市场相互贯通、人才发展平台相互支撑，促进人才资源的流动，逐步提升区域吸引和聚集人才的综合竞争优势。搭建区域科技人才信息共享平台，培养职业化的技术经纪人和知识产权专业人才队伍，推行外籍高端人才绿卡制度，加强科技人才和科技管理人员联合培养与交流合作。加强区域内人事档案管理、社会保障、专业技术人才职称等方面的制度衔接，健全跨区域人才多向流动机制，推动京津科技人才赴河北创新创业。建立区域人力资源开发孵化基地，联合组建人力资源市场、人才服务中心、人才创新驱动中心等。充分利用"千人计划""创新型人才推进计划"等重大人才工程，推动人才合作与交流，吸引和培养一批高端创新人才。推动三省市加强科学技术普及和创新文化建设，为培育大规模中等层次科技创新人才和青年科技人才形成丰沃土壤。持续实施 2011 计划，支持三省市高校协同创新，提升区域学科、人才、科研三位一体创新能力，聚集培养一批高素质创新型科技人才。

四、强化京津冀协同创新的市场环境

发挥市场对区域创新资源配置的导向作用，打破地方保护和制约创新的行业垄断与市场分割，建立区域统一的信用体系和社会信用奖惩联动机制并纳入企业信用信息公示系统，建立鼓励创新的统一透明、有序规范的市场环境，逐步缩小三省市间创新发展的市场环境差距。建立一体化知识产权严格保护机制，改革知识产权执法监管方式与体制，试点推进知识产权综合行政执法，强化行政执法与司法衔接。设立中国知识产权执法华北调度中心，建立知识产权法院，统一知识产权行政执法标准，推动三省市执法协作和结果互认。发挥知识产权法院作用，完善知识产权审判工作机制，探索跨地区审理机制。建立知识产权保护合作联盟，探索建立跨区域知识产权纠纷调解机制及专家资源共享机制，打造知识产权维权援助互通服务平台，共建区域知识产权保护网、技术产权交易网、专利信息基础平台，加大知识产权执法力度，推动北京知识产权维权援助资源向津冀溢出。

五、强化京津冀协同创新的资金保障

完善科技创新的金融融合体系。国家新兴产业创业投资引导基金加大对三省市支持力度，培育壮大创业投资和资本市场。国家科技成果转化创业投资基金以中央与三省市按一定比例共同出资和引入民间资本的方式，建立京津冀子基金，支持三省市科技成果转移转化。推动三省市建立相互衔接的"创新券"制度，支持企业购买科技服务，促进中小微企业发展。成立京津冀创新发展银行，鼓励小额贷款公司跨区经营，鼓励创新型企业发展。争取新设以服务科技创新为主的民营银行，建立灵活的运作、考核和分配机制，探索与科技创新企业发展需要相适应的银行信贷产品，开展针对科技型中小企业的金融服务创新。设立京津冀科技成果孵化资金；借助北京金融业的行业优势，鼓励金融机构开展知识产权质押融资。选择符合条件的银行业金融机构，探索试点为企业创新活动提供股权和债权相结合的融资服务方式，与创业投资、股权投资机构实现投贷联动。

参 考 文 献

[1] Gottmann J. Megalopolis, or the Urbanization of the Northeastern Seaboard[J]. Economic Geography, 1957, 33(3): 189-200.

[2] 木内信藏. 都市地理学研究[M]. 东京: 古今书院, 1951: 322-325.

[3] Meijers，E. Polycentric urban regions and the quest for synergy: Is a network of cities more than the sum of the parts[J]. Urban Studies，2005，42(4): 765-781.

[4] 于洪俊, 宁越敏. 城市地理概论[M]. 合肥: 安徽科学技术出版社, 1983.

[5] 姚士谋. 我国城市经济研究初探[J]. 城市问题, 1989, (5): 2-9.

[6] 高汝熹, 阮红. 论中国的圈域经济[J]. 科技导报, 1990, (4): 8-12.

[7] 张伟. 都市圈的概念、特征及其规划探讨[J]. 城市规划, 2003, 27(6): 47-50.

[8] 齐晶晶. 创新型经济圈研究——基于创新经济学的视角[D]. 天津: 南开大学, 2010.

[9] 肖金成, 刘保奎. 首都经济圈规划与京津冀经济一体化[J]. 全球化, 2013, (3): 72-81.

[10] 张劲文. 首都经济圈跨区域产业协同创新的模式与路径研究[J]. 改革与战略, 2013, 29(8): 94-98.

[11] Doloreux D. Regional Networks of Small and Medium Sized Enterprises: Evidence from the Metropolitan Area of Ottawa in Canada[J]. European Planning Studies, 2004, 12(2): 173-189.

[12] Strambach S. Change in the innovation process：New knowledge production and competitive cities: The case of stuttgart [J]. European Planning Studies, 2002,

10(2): 215-231.

[13] Diez J R, Berger M. The role of multinational corporations in metropolitan innovation systems: empirical evidence form Europe and Southeast Asia[J]. Environment and Planning A, 2005, 37(10) : 1813-1835.

[14] Bettencourt L M A, Lobo J，Helbimg D, et al. Growth, innovation, scaling, and the space of life in cities[J]. Proceedings of the National Academy of Sciences of the United States of America, 2007, 104(17): 7, 201-306.

[15] 隋映辉. 城市创新系统与"城市创新圈"[J]. 学术界, 2004(3): 105-112.

[16] 张芳华, 朱朝晖. 长江三角洲"超区域创新体系"的理论模式研究[J]. 中国科技论坛, 2004(4): 44-48.

[17] 解学梅. 都市圈协同创新机理研究: 基于协同学的区域创新观[J]. 科学技术哲学研究, 2011(1): 95-99.

[18] 向东. 从深港创新圈到广深港创新走廊[J]. 商业经济研究, 2014(5): 137-139.

[19] Lynn L H, Reddy N M, Aram J D. Linking technology and institutions the innovation community framework[J]. Research Policy, 1996, 25(1): 91-106.

[20] Sawhney M, Prandelli E. Communities of creation [J]. California Management Review, 2000, 42(4): 24-54.

[21] 苏宁. 美国建设"创新共同体"的战略设计与政策启示[J]. 科技日报, 2013(1): 1-3.

[22] 吴永忠, 关士续. 技术创新系统构建观[J]. 自然辩证法通讯, 2002, 24(5): 32-39.

[23] 杨耀武, 张任开. 长三角产业集群协同创新战略研究[J]. 中国软科学, 2009(52): 136-140.

[24] 张振华, 黄俊, 张超. 基于三螺旋理论的农业科技协同创新实践探索[J]. 农业科技管理, 2014, 33(1): 24-28.

[25] 王志宝, 孙铁山, 李国平. 区域协同创新研究进展与展望[J]. 软科学, 2013, 1(27): 1-9.

[26] 高丽娜, 蒋伏心, 熊季霞. 区域协同创新的形成机理及空间特性[J]. 空间技术经济, 2014(3): 25-31.

[27] 胡志坚, 苏靖. 区域创新系统理论的提出与发展[J]. 中国科技论坛, 1999, (6): 20-23.

[28] Lambooy J G. Knowledge and Urban Economic Development: An Evolutionary Perspective[J]. Urban Studies, 2002, 39(5): 1019-1035.

[29] Timmers P. Building effective public R&D programmes [C]. Proceedings of the Portland International Conference on Management of Engineering and Technology (PICMET.99) on "Technology and Innovation Management", Portland, 1999: 591-597.

[30] Larson E V, Brahmakulam I T. Building A New Foundation for Innovation: Results of A Workshop for the National Science Foundation[M]. Arlington, VA: Rand Corporation, 2002: 13- 24.

[31] Hansen M T, Birkinshaw J. The Innovation Value Chain[J]. Harvard Business Review, 2007, 85(6): 961-977.

[32] Jr Lucas R E. On the mechanics of economic development. Journal of Monetary Economics, 1988, 22（01）: 3-24.

[33] Romer P. Increasing returns and long run growth[J]. Journal of Political Economy, 1986, 94（12）: 1186-1213.

[34] Bergman E M, Maier G, Todtling F. Regions Reconsidered: Economic Networks, Innovation, and Local development in Industrialized countries [M]. New York: Mansell, 1991.

[35] 魏建漳. 区域开放创新: 发展阶段与策略研究[D]. 深圳: 深圳大学, 2015.

[36] 陈劲, 阳银娟. 协同创新的理论基础与内涵[J]. 科学学研究 2012, 30(2): 161-164.

[37] 陈光. 企业内部协同创新研究[D]. 成都: 西南交通大学, 2005.

[38] 毛磊. 开放式理论下跨区域协同交互式创新研究[J]. 科技进步与对策, 2014, 31(24): 25-28.

[39] 解学梅, 曾赛星. 创新集群跨区域协同创新网络研究述评[J]. 研究与发展管理, 2009, 1(21): 9-16.

[40] 贺灵. 区域协同创新能力测评及增进机制研究[D]. 长沙: 中南大学, 2013.

[41] 王焕祥, 孙斐. 区域创新系统的动力机制分析[J]. 中国科技论坛 2009, (1): 36-40.

[42] 解学梅, 刘丝雨. 都市圈中观视角下的协同创新演化研究综述[J]. 经济地理, 2013, 2(33): 69-74.

[43] 陈丹宇. 基于效率的长三角区域创新网络形成机理[J]. 经济地理, 2007, 27(03): 370-374.

[44] 白俊红, 蒋伏心. 协同创新、空间关联与区域创新绩效[J]. 经济研究, 2015, (7): 174-187.

[45] 许彩侠. 区域协同创新机制研究——基于创新驿站的再思考[J]. 科研管理, 2012, 33(5): 19-25.

[46] 张莹. 区域创新环境、创新能力与创新绩效关系之实证研究[D]. 重庆: 重庆大学, 2009.

[47] 张莹, 张宗益. 区域创新环境对创新绩效影响的实证研究[J]. 科技管理研究 2009, (2): 104-106.

[48] 屠启宇, 苏宁. 美国建设"创新共同体"的战略设计与政策启示[N]. 科技日报, 2006-6-3(1).

[49] 长城企业战略研究所. 硅谷创新生态的演进[J]. 新材料产业, 2016, (4): 63-67.

[50] 刘自新. 硅谷的发展对构建我国创新环境的启示[J]. 中共杭州市委党校学报, 2006, (6): 64-68.

[51] 吕克斐. 美国硅谷创新创业新动向——《2015 硅谷指数》解读[J]. 今日科技, 2015, (2): 54-55.

[52] 张晓兰. 东京和纽约都市圈经济发展的比较研究[D]. 吉林: 吉林大学, 2013.

[53] 庞德良, 唐艺彬. 纽约都市圈的城市空间结构功能及其演化动力因素[J]. 社会科学战线, 2012, (7): 252-254.

[54] 盛垒. 从资本驱动到创新驱动——纽约全球科创中心的崛起及对上海的启示[J]. 城市发展研究, 2015, 22(10): 92-100.

[55] 熊鸿儒. 全球科技创新中心的形成与发展[J]. 学习与探索, 2015, (9): 112-116.

[56] 孙建国. 论城市功能演进与产业迁移: 日本京滨工业区经验与启示[J]. 河南大学学报（社会科学版）, 2012, 52(5): 91-97.

[57] 骆建文, 王海军, 张虹. 国际城市群科技创新中心建设经验及对上海的启示[J]. 华东科技, 2015, (3): 64-68.

[58] 王立丽, 牛继舜. 伦敦文化创意产业发展模式借鉴与启示[J]. 商业时代, 2013, (14): 121-122.

[59] 刘硕, 李治堂. 创新型城市建设国际比较及启示[J]. 科研管理, 2013, 34: 58-64.

[60] 陈浩, 项杨雪, 陈劲, 柳宏志. 基于知识三角的区域协同创新联盟探索与实践——以欧洲创新工学院 KICs 模式为例[J]. 科技进步与对策, 2013, 30(17): 34-38.

[61] 张换兆, 刘冠男. 欧盟 KICs 对我国协同创新的启示[J]. 科技进步与对策, 2015, 32(3): 6-10.

[62] 唐韬. 基于"知识三角"逻辑的欧洲协同创新最新实践及启示[J]. 中小企业管理与科技, 2016, (4): 93-95.

[63] 邱宣. 深港区域创新体系研究[D]. 吉林: 吉林大学, 2011.

[64] 蒋玉涛, 杨勇, 李朝庭, 等. "深港创新圈"发展及其推动珠三角产业转型升级研究[J]. 科技管理研究, 2013, 33(12): 80-84.

[65] 国务院发展研究中心"深港新型同城化战略研究"课题组. 构建深港科技创新圈打造世界级科技创新中心[J]. 国家治理, 2015, (14): 39-48.

[66] 沈开艳, 陈建华, 邓立丽. 长三角区域协同创新、提升科创能力研究[J]. 中国发展, 2015, 15(4): 64-72.

[67] 联合调研组. 借鉴泛珠三角科技合作经验加快中四角区域技术创新体系建设 [J]. 政策, 2014, (11): 42-45.

[68] 李菁, 石福华. 泛珠三角区域科技联席会议机制是建设创新型国家的有益尝试[J]. 科技管理研究, 2013, (18): 43-48.

[69] 姚建露. 成渝经济区产业集聚与技术创新研究[D]. 重庆: 重庆工商大学, 2015.

[70] 陈诗波, 王书华, 冶小梅, 等. 京津冀城市群科技协同创新研究[J]. 中国科技论坛, 2015 (7): 63-68.